KB010631

Metaphysische
Anfangsgründe
der
Rechtslehre

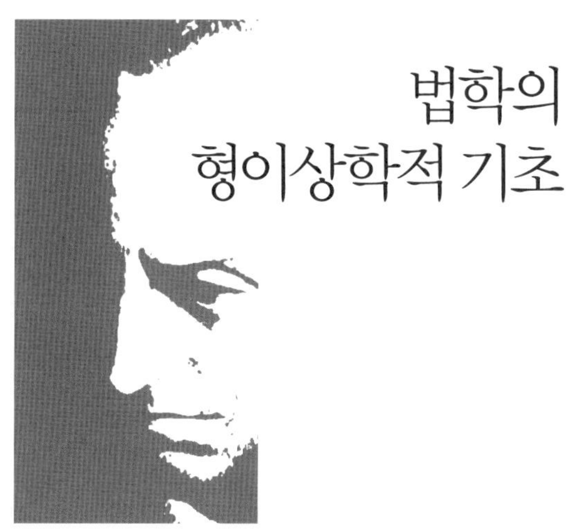

법학의 형이상학적 기초

임마누엘 칸트 지음
김주환 옮김

솔과학

법학의 형이상학적 기초

초판 인쇄 2019년 8월 23일
초판 발행 2019년 8월 27일

지 은 이 임마누엘 칸트
옮 긴 이 김주환
펴 낸 이 김재광
펴 낸 곳 솔과학
등 록 제10-140호 1997년 2월 22일
주 소 서울특별시 마포구 독막로 295번지 302호(염리동 삼부골든타워)
전 화 02-714-8655
팩 스 02-711-4656
E-mail solkwahak@hanmail.net

I S B N 979-11-87124-58-0 (93100)

값 20,000원

역자 서문

이 책은 임마누엘 칸트(Immanuel Kant, 1724-1804)의 저서 『윤리형이상학. 제1부. 법학의 형이상학적 기초』(Die Metaphysik der Sitten. Erster Theil. Metaphysische Anfangsgründe der Rechtslehre, Königsberg, 1797)를 우리말로 번역한 것이다. 『윤리형이상학』은 그의 저서 『자연과학의 형이상학적 기초』(Metaphysische Anfangsgründe der Naturwissenschaft, Riga, 1786)에 대응하는 윤리학의 체계로서 『실천이성비판』(Kritik der praktischen Vernunft, Riga, 1788)의 후속작이다. 『실천이성비판』이 실천철학의 총론이라면, 『윤리형이상학』은 그 각론에 해당한다. 『윤리형이상학』은 두 권으로 구성되어 있는데, 『제1부. 법학의 형이상학적 기초』와 『제2부. 도덕학의 형이상학적 기초』(Zweyter Theil. Metaphysische Anfangsgründe der Tugendlehre, Königsberg, 1797)가 그것이다.

이 책에서 칸트가 기획하는 법학(Iurisscientia)은 이성에서 도출되는 체계로서의 법형이상학(die Metaphysik des Rechts)이다. 그것은 순수한 법학으로서 자연법(Ius naturae)의 체계이지만 실천을 위한 체계, 즉 경험적 사건에 적용하기 위한 체계이다. 따라서 그것은 현존하는 실정법의 정당성 여부를 판단하는 기준과 실정법 제정의 방향을 제시하는 불변의 원리로 구성되는 것이다. 법형이상학의 궁극적 목적은 보편적·영구적인 평화의 실현이다. 영구평화는 폭력이 지배하는 자연적 상태에서 벗어나 법이 지배하는 시민적 상태(status civilis), 즉 법적 상태로 이행할 때에만 실현될 수 있는 것이다. 따라서 법형이상학은 우리에게 시원적 사회계약에 의하여 시민적 상태를 창설하고 그에 가장 적합한 체제로서 공화주의(Republicanism)에 입각한 국가법, 국제법 및 세계시민법(ius cosmopoliticum)의 상태를 창설할 의무를 부과한다.

인간의 존엄과 가치에 기초한 칸트의 자유주의, 법치주의, 공화주의 및 세계시민주의의 이념은 시민적 해방의 법철학으로서 근대의 자유주의적 법치국가의 건설을 정당화하는 것이었다. 그러나 법형이상학은 지금으로부터 222년 전에 발표된 18세기 말의 독일 법철학이다. 계몽주의 철학자 칸트는 그 당시에 이미 72세의 고령이었고, 프랑스혁명의 영향을 강하게 받았더라도 그의 체험은 프로이센 왕국(Königreich Preußen, 1701-1918)의 객관적 생활관계의 한계를 벗어나지 못하였다. 그러므로 그의 법철학에 대하여는 현대의 사회적 법치국가 사상의 관점에서 실증주의적 사고, 형식적 정의론, 보수적 법철학 등의 비판이 행해지기도 하고, 민주주의에 대한 의식이 빈약하며 봉건주의의 잔재가 남아 있다는 비판이 행해지기도 한다. 따라서 법형이상학은 지금도 여전히 법철학과 법해석론에 지대한 영향을 미치고 있지만, 세부적 내용에서는 비판적 평가가 요구되는 체계이다. 이 역서는 그와 같은 비판적 계승과 발전의 토대를 제공하기 위한 것이다.

역자가 『법학의 형이상학적 기초』를 독일어 원문으로 읽은 것은 독일 유학을 준비하던 1992년 가을이었다. 28세에 읽었던 서적을 50대 중반의 나이에 다시 읽으며 번역하였지만, 그때나 지금이나 이 서적의 번역은 상당한 인내를 필요로 하는 작업이었다. 역자를 특히 고통스럽게 만든 것은 대중성을 염두에 두지 않고 스콜라철학적 엄정성을 관철하는 칸트의 어법이었다. 따라서 오역의 책임이 역자에게 있는 것은 물론이고, 어색한 표현과 문장에 대한 책임도 천학비재한 역자에게 있지 칸트에게 있는 것은 아니다. 또한 독자에게 미리 양해를 구하는 것은, 윤리형이상학 서론(Einleitung in die Metaphysik der Sitten)과 윤리형이상학의 분류(Eintheilung der Metaphysik der Sitten überhaupt)는 번역에서 제외되었다는 점이다. 끝으로, 원고가 완성될 때까지 인내로써 기다려 주신 김재광 솔과학 대표님, 원고 정리에 많은 도움을 주신 이혜경 박사님, 라틴어 색인 작업을 도와

준 제자 전민규 강사와 이 책을 선택한 독자 여러분에게 깊은 감사의 뜻을 표한다.

2019년 7월

홍문관에서

김주환

목 차

법학 서론

법학 서론에 대한 추록

법학 제1부 사법

제1장 외적인 것을 자신의 것으로 소유하는 방식

제2장 외적인 것을 취득하는 방식

서문

이 체계, 즉 윤리형이상학Die Metaphysik der Sitten은 실천이성비판Kritik der praktischen Vernunft의 후속작이며, (이미 발행된 자연과학의 형이상학적 기초Metaphysische Anfangsgründe der Naturwissenschaft의 대응작으로서) 법학Rechtslehre의 형이상학적 기초와 도덕학Tugendlehre의 형이상학적 기초로 나뉘어진다. 이에 서문에 이어 나오는 서론은 양자로 구성되는 체계의 형식을 설명하고 일부 해명한다.

윤리학 제1부로서의 법학은 이성에서 도출되는 체계가 요구되는 것이다. 우리는 이를 법형이상학die Metaphysik des Rechts이라고 부를 수 있을 것이다. 그러나 법의 개념은 순수한 개념이지만 실천(경험적 사건에의 적용)을 위한 개념이다. 따라서 그 형이상학적 체계는, 분류의 완전성을 기하기 위하여, 그 분류에서 사건의 경험적 다양성도 고려하여야 할 것이다 (이것은 이성의 체계를 수립하기 위하여 불가결한 요청이다). 그러나 경험적인 것의 완전한 분류는 불가능하다. (적어도 이에 근접하기 위하여) 이를 시도하는 경우에도, 그와 같은 개념은 본문의 일부로서 체계에 들어갈 수 없고, 단지 예(例)로서 주(註)에 들어갈 수 있을 뿐이다. 그러므로 윤리형이상학 제1부에만 적합한 표현은 법학의 형이상학적 기초일 것이다. 적용 사건들을 고려할 때 체계에 대한 접근만을 기대할 수 있고, 체계 자체를 기대할 수는 없기 때문이다. 따라서 (이전의) 자연과학의 형이상학적 기초와 마찬가지로, 여기에서도 선험적으로 기획된 체계에 속하는 법은 본문에, 특별한 경험적 사건에 관한 법은 일부 상세한 주에 들어갈 것이다. 그렇지 않다면 여기에서 형이상학인 것과 경험적 법실무인 것의 구별이 불가능해지기 때문이다.

나는 철학 강의에 대하여 빈번히 행해지는 비난, 즉 불명확성, 심지어 부지런히 심오한 통찰을 가장하는 불명확성의 비난을 미연에 방지하거나 그로부터 벗어나기 위하여, 진정한 의미의 철학자 가르베Garve 씨가 모든 저자, 특히 철학적 저서의 저자에게 의무로 부과한 것을 흔쾌히 수용하되, 나로서는 학문의 성질이 허락하는 한에서만 그에 응하는 조건으로 이 요구를 제한하기로 한다.

이 현명한 분은 (그의 저서 Vermischte Aufsätze, 352면 이하에서), 학자가 자신의 개념에 대하여 불명확성의 의심을 받지 않으려면, 모든 철학적 학설은 대중화(보편적 전달에 충분한 구체화)될 수 있어야 한다고 정당하게 주장한다. 나는 이를 인정하지만, 이성능력 비판의 체계 및 비판의 규정에 의하여만 증명될 수 있는 모든 것은 예외로 한다. 이것은 우리의 인식에서 감각적인 것과 초감각적이지만 이성에 속하는 것의 구별에 속하기 때문이다. 형식적 형이상학과 마찬가지로 이것은, 그 결과가 (그것을 알지 못하는 형이상학자의) 건전한 이성에게는 명백해질 수 있더라도, 결코 대중화될 수 없다. 여기에서는 대중성(구어口語)을 염두에 두지 않고, 이것이 (스콜라 철학의 어법이므로) 고통스럽다는 책망을 받더라도 스콜라 철학적 엄정성을 관철하기로 한다. 이를 통하여만 경솔한 이성은 독단적 주장에 앞서 자기 자신을 비로소 이해할 수 있게 되기 때문이다.

그러나 현학자들이 대중에게 (연단과 대중서에서) 학설에만 적합한 전문용어로 말한다면, 자구에 얽매이는 사람(logodaedalus)의 무지가 문법학자의 책임이 아닌 것과 마찬가지로, 그것은 비판철학자의 책임이 아니다. 여기에서 조소의 대상은 그 사람이지 학문이 아니다.

비판철학이 성립하기 전에는 철학이 없었다고 주장하는 것은 오만하고 자기중심적이며, 자신의 오래된 체계를 포기하지 않은 자들에게는 비방처럼 들린다. – 이와 같은 외견상의 거만함에 대하여 비난할 수 있기 위하여는, 하나 이상의 철학이 존재할 수 있는지의 문제가 해결되어야 한다. 다양한 방식으로 사색하고 지도적 이성원리로 되돌아가는 것은 과거에도 있었고, 그에 입각하여 다소 운좋게 하나의 체계를 수립할 수 있었을 뿐만 아니라, 그와 같은 방식의 시도는 다양하게 존재할 수밖에 없었으며, 각 시도는 현재의 방식에 대하여도 공헌하였다. 그러나 객관적으로 볼 때 인간의 이성은 단 하나만 존재할 수 있으므로 철학도 다양하게 존재할 수 없다. 즉 우리가 하나의 동일한 명제에 대하여 다양하게 또한 상반되게 철학하였더라도 원칙으로 구성된 진정한 철학체계는 단 하나만 존재할 수 있다. 따라서 도덕학자는 정당하게 다음과 같이 말한다: 도덕과 도덕학은 단 하나만 존재한다. 즉, 모든 도덕적 의무를 하나의 원리에 의하여 결합하는 체계는 단 하나만 존재한다. 화학자는 단 하나의 화학(라부아지에Lavoisier의 화학)만이 존재한다고 말하고, 약학자는 질병 분류 체계의 원리는 (브라운Brown의 원리) 단 하나만 존재한다고 말한다. 그러나 새로운 체계가 다른 모든 체계를 배제한다는 이유로 그 이전 사람들(도덕학자, 화학자 및 약학자)의 공적을 폄훼할 수는 없다. 이들의 발견 또는 실패한 시도가 없었다면 우리는 철학 전체의 진정한 원리를 하나의 체계로 통일하지 못하였을 것이기 때문이다. – 따라서 어떤 사람이 어떤 철학체계를 자신의 성과로 선언한다면, 그것은 그가 다음과 같이 말하는 것과 같다: 이 철학 전에 다른 철학은 존재하지 않았다. 그가 다른 (진정한) 철학이 존재하였음을 인정한다면, 동일한 대상에 대하여 두 개의 진정한 철학이 존재하게 될 것인데, 이것은 자기모순이다. – 따라서 비판철학이 그 전에는 철학이 존재하지 않았던 진정한 철학으로 선언된다면, 그것은 자신의 계획에 따라 철학을 기획하는 모든 사람이 하였던, 하게 되는, 하여야 하는 것을 행하는 것이다.

이 철학의 본질적 특징을 이루는 부분은 그 자신의 산물이 아니라 다른 철학(또는 수학)에서 차용된 것이라는 비난은 그다지 중요하지 않지만, 전혀 무의미한 것은 아니다. 예컨대 튀빙엔의 한 비평가가 발견하였다고 주장하는 것이 그와 같다. 그것은 순수이성비판의 저자가 자신의 미미하지 않은 성과로서 제시하는 철학의 정의를 공박하는 것인데, 이 정의는 이미 수년 전에 다른 사람에 의하여 거의 동일한 표현으로 제시된 것이라고 한다.*) 일종의 예지적 구성 intellectualis quaedam constructio이라는 용어가 선험적 직관에 의한 임의의 개념 설명을 연상시키는지, 이에 대한 판단은 각자에게 맡긴다. 이 용어를 통하여 철학과 수학은 일단 명백히 구별된다. 하우젠Hausen

---

*) Porro de actuali constructione hic non quaeritur, cum ne possint quidem sensibiles figurae ad rigorem definitionum effingi; sed requiritur cognitio eorum, quibus absolvitur formatio, quae intellectualis quaedam constructio est. 사실 감각적 도형은 정의의 엄격성에 맞게 그려질 수 없으므로, 실제적 구성에서도 이것은 문제가 되지 않는다. 중요한 것은 오히려 그리기를 완성하는 인식인데, 이것은 일종의 예지적 구성이다. C. A. Hausen, Elem. Mathes. Pars I. p. 86. A. 1734.

도 자신의 표현을 이렇게 설명하는 것을 승인하지 않았을 것이다. 선험적 직관의 가능성은, 또한 공간은 선험적 직관의 가능성이고 (볼프Wolff가 설명하는 것처럼) 경험적 직관(인지)의 대상으로서 다양한 것이 상호 병존하는 것이 아니라는 점은, 그를 이미 완전히 놀라게 하였을 것이다. 그는 이로써 거시적인 철학적 연구에 연루된 것으로 느꼈을 것이기 때문이다. 이 예리한 수학자에게 오성에 의한 설명은 하나의 개념에 상응하는 (경험적) 선 그리기를 의미할 뿐이었던 것이다. 이것은, 우리가 기하학의 방정식 구성에서도 인지할 수 있는 바와 같이, 규칙만을 주목하고 그 실행에서 발생하는 불가피한 편차는 추상하는 것이다.

그러나 이 철학을 모방하는 소수의 사람들이 순수이성비판 자체에서 다른 통용어로 대체될 수 없는 용어를 그 외부에서도 공공연히 사상의 교류에 사용함으로써 초래하는 해악은 이 철학의 정신과 관련하여 지극히 미미한 의미를 가진다. 그에 대하여는 물론, 니콜라이Nicolai 씨는 그들의 분야에서의 용어의 빈곤 및 도처에 은폐되어 있는 사상의 결핍에 대하여 판단을 보류하지만, 그가 하는 것처럼 질책이 필요하다. – 그러나 비대중적 현학자가 무비판적 무지자보다 훨씬 더 많은 조롱을 받을 수 있음은 물론이다 (실제로 모든 비판을 외면하고 자신의 체계를 고집하는 형이상학자는, 자신의 전통적 학파에 속하지 않는다는 이유로 배척하고자 하는 것만을 자의적으로 무시하지만, 후자의 부류에 속할 수 있기 때문이다). 그러나 섀프츠베리Shaftesbury의 주장에 따라 학설이 조롱을 견뎌 내는 것이 (특히 실천적) 학설의 진리성을 위한 무시할 수 없는 시금석이라면, 비판철학자는 시간이 갈수록 마지막 순서가 되고 최선의 조롱거리가 될 것이다. 비판철학자가 오랫동안 기염을 토하였던 자들의 지면(紙面) 체계가 차례차례 붕괴하고 그 모든 추종자가 사라지는 것을 보는 것은 그 체계들에게 임박한 불가피한 운명이다.

나는 이 책의 끝부분에서 몇 개의 단락을 그 전의 단락에 비하여 기대 이하로 상술하였다. 전자는 후자로부터 쉽게 추론될 수 있는 것처럼 여겨졌기 때문이며, 또한 (공법에 관한) 마지막 단락들은 현재 많이 논의되고 있지만 매우 중요하므로 결정적 판단을 잠시 보류하는 것이 정당하기 때문이다.

도덕학의 형이상학적 기초Metaphysische Anfangsgründe der Tugendlehre가 곧 발행되기를 바란다.

법학 분류표

제1부 외적 대상에 관한 사법 (공포를 필요로 하지 않는 법칙들의 총체)

제1장 외적인 것을 자신의 것으로 소유하는 방식

제2장 외적인 것을 취득하는 방식

외적 취득의 분류

제1절 물권

제2절 대인적 권리

제3절 물권적 성격을 가지는 대인적 권리

중간절 관념적 취득

제3장 법원의 판결에 의한 주관적–조건부 취득

제2부 공법 (공포를 필요로 하는 법칙들의 총체)

제1절 국가법

제2절 국제법

제3절 세계시민법

법학

서론

§ A.

법학이란 무엇인가?

외적 입법이 가능한 법칙들의 총체를 법규범Rechtslehre(Ius)이라고 한다. 그와 같은 입법이 실제로 존재한다면, 그것은 실정법규범이다. 실정법학자 또는 변호사(Iurisconsultus)가 외적 법률을 외형상으로도, 즉 경험적 사건에 적용함에 있어, 잘 알고 있을 때 그를 법전문가(Iurisperitus)라고 한다. 경험은 법적 지혜Rechtsklugheit(Iurisprudentia)가 될 수도 있지만, 순수한 법학Rechtswissenschaft(Iurisscientia)은 양자 모두 없이 존재한다. 후자의 명칭은 자연법규범(Ius naturae)의 체계적 지식에 부여되는 것이며, 법학자는 후자에서 모든 실정법 제정에 대하여 불변의 원리를 제시하여야 한다.

§ B.

법이란 무엇인가?

이 물음에 대하여 법학자가 동어반복에 빠지지 않고 대답하고자 한다면, 또는 보편적 대답 대신에 일정한 지역에서 일정한 시기에 법률이 의도하는 것을 대답으로 제시하고자 한다면, "진리란 무엇인가?"라는 질문이 논리학자를 당혹케 하는 것처럼, 이 물음은 법학자를 당혹케 할 것이다. 법으로 규정된 것Rechtens이 무엇인지(quid sit iuris), 즉 일정한 장소에서 일정한 시간에 법률이 말하고 있거나 말하였던 것이 무엇인지, 법학자는 진술할 수 있을 것이다. 그러나 경험적 원리들을 잠시라도 포기하지 않는다면, 실정법 제정의 기초를 정립하기 위하여 판단의 원천을 순수한 이성에서 찾지 않는다면 (법률은 훌륭한 지침이 될 수 있지만), 법률이 의도한 것이 정당한 것인지 여부, 또한 정당성Recht과 부당성Unrecht(iustum et iniustum)을 인식할 수 있는 보편적 기준은 감지할 수 없을 것이다. 순수한 경험적 법학은 (파이드로스Phädrus 우화 속의 목제 머리처럼) 아름답긴 하지만 애석하게도(!) 뇌가 없는 머리와 같다.

법의 개념은, 그것이 법에 상응하는 구속력Verbindlichkeit과 관련되어 있는 한, (즉 법의 도덕적 개념은) 첫째 개인들의 행위가 소행Facta으로서 서로에게 (직접적으로 또는 간접적으로) 영향을 미칠 수 있는 한 개인들 간의 외적 관계, 즉 실천적 관계에 관한 것이다. 둘째, 법의 개념은 예컨대 자선행위 또는 몰인정행위에서 볼 수 있는 자유의지 Willkür와 타인의 소원(내지 단순한 욕구)의 관계를 의미하는 것이 아니라, 자유의지와 타인의 자유의지의 관계만을 의미하는 것이다. 셋째, 이 자유의지의 상호관계에서 자유의지의 질료Materie, 즉 각자가 원하는 객체로써 각자가 지향하는 목적은 고찰의 대상이 되지 않는다. 예컨대 어떤 사람이 자신의 상업을 위하여 나에게서 상품을 매수할 때 그가 그 상품으로 이익을 얻을 수 있는지 여부는 문제가 되지 않는다. 그 의지가 자유의지인 한, 중요한 것은 쌍방적 자유의지의 관계라는 형식이고, 또한 쌍방 중 일방의 행위가 보편적 법칙에 따라 타인의 자유와 조화될 수 있는지 여부이다.

따라서 법은 한 사람의 자유의지가 자유의 보편적 법칙에 따라 타인의 자유의지와 조화될 수 있는 조건들의 총체이다.

§ C.
법의 보편적 원리

"어떤 행위, 또는 그 준칙에 따른 각 개인의 임의의 자유가 보편적 법칙에 따라 각자의 자유와 공존할 수 있다면 그 행위는 정당한 것이다."

따라서 나의 행위 또는 나의 상태가 보편적 법칙에 따라 각자의 자유와 공존할 수 있다면, 이를 방해하는 자는 나에게 불법Unrecht을 행하는 것이다. 이 방해(저항)는 보편적 법칙에 따라 자유와 공존할 수 없기 때문이다.

이로부터 다음과 같은 결론도 도출된다. 이 모든 준칙의 원리 자체가 다시 나의 준칙이 되어야 하는 것은 아니다. 즉 내가 그 원리를 나의 행위의 준칙으로 삼아야 하는 것은 아니다. 내가 나의 외적 행위에 의하여 타인의 자유를 방해하지만 않는다면, 내가 그의 자유에 전혀 무관심하든 마음속으로 그의 자유를 방해하든, 그는 자유로울 수 있기 때문이다. 올바른 행실을 나의 준칙으로 삼는 것은 도덕적 요청이다.

그러므로, 너의 자유의지의 자유로운 행사가 보편적 법칙에 따라 각자의 자유와 공존할 수 있도록 외적으로 행위하라는 보편적 법원칙das allgemeine Rechtsgesetz은 나를 구속하는 법칙이지만, 이와 같은 구속을 위하여 내가 나의 자유를 도덕적 조건 자체로 완전히 제한할 것까지 기대하거나 요구하는 법칙은 아니다. 이성이 말하고 있는 것은, 자유는 그 이념상 그것으로 제한되어 있고 타인에 의하여 실력으로 제한될 수 있다는 것뿐이다. 이성은 이를 더 이상 증명 불가능한 요청으로서 말하고 있다. – 도덕을 가르치는 것이 아니라 법이 무엇인지만을 논하고자 하는 자는 법원칙을 행위의 동기로 제시하지 않아야 한다.

§ D.
법은 강제권과 결합되어 있다

작용을 방해하는 것에 대한 저항은 그 작용을 촉진하는 것이고 그 작용과 합치되는 것이다. 모든 불법은 보편적 법칙에 따른 자유의 방해이다. 그러나 강제는 자유에 대하여 행해지는 방해 또는 저항이다. 따라서 자유의 행사 자체가 보편적 법칙에 따라 자유의 방해가 된다면 (즉 불법이라면), 그에 대한 강제는 자유의 방해를 저지하는 것으로서 보편적 법칙에 따라 자유와 합치되는 것, 즉 정당한 것이다. 그러므로 법에는 동시에 법을 파괴하는 자에게 강제할 수 있는 권능이 모순률에 따라 결합되어 있는 것이다.

§ E.
엄격한 의미의 법은 보편적 법칙에 따라 각자의 자유와 합치되는 보편적 상호 강제 가능성이라고도 할 수 있다

이 명제가 말하는 것은 다음과 같다. 법은 두 가지 요소로, 즉 법칙에 따른 의무 및 자유의지를 통하여 타인에게 의무를 부과하는 자가 그에게 준법을 강제할 수 있는 권능으로 구성되어 있는 것이 아니다. 법의 개념은 보편적 상호 강제와 각자의 자유의 결합 가능성에서 직접 정립될 수 있는 것이다. 즉 법이 외적 행위만을 대상으로 하듯이, 엄격한 의미의 법, 즉 도덕적인 것이 혼합되지 않은 법은 자유의지의 외적 동기만을 요구한다. 그것은 순수하고, 도덕규정과 혼합되어 있지 않기 때문이다. 따라서 외적인 법만을 엄격한(좁은) 의미의 법이라고 할 수 있다. 이 법은 법칙에 따른 각자의 구속이라는 의식에 근거하고 있지만, 그에 따라 자유의지를 결정하는 것은, 그 결정이 순수하여야 한다면, 이 의식을 동기로서 원용하지 않아야 하고 할 수도 없다. 따라서 자유의지의 결정은 보편적 법칙에 따라 각자의 자유와 공존할 수 있는 외적 강제 가능성의 원리에 근거하는 것이다. - 그러므로 채권자가 채무자에 대하여 채무이행청구권을 가진다는 것은 채권자가 채무자에게 그의 이성 자체에 구속되어 채무를 이행하도록 환기시킬 수 있다는 것을 의미하는 것이 아니다. 각자에게 채무이행을 강요하는 강제는 오히려 보편적인 외적 법칙에 따라 각자의 자유 및 그 자신의 자유와 공존할 수 있는 것이다. 따라서 법과 강제권은 동일한 것을 의미한다.

보편적 자유의 원리 하에서 각자의 자유와 반드시 합치하는 상호 강제의 법칙이 법 개념의 구성인데, 이는 작용과 반작용의 상등성 법칙 하에 있는 물체의 자유 운동 가능성을 유추하여 순수한 선험적(a priori) 직관으로 법 개념을 설명한 것이다. 우리가 순수한 수학에서 그 대상의 속성을 개념에서 직접 도출할 수 없고 개념 구성에 의하여만 발견할 수 있듯이, 법 개념을 해명할 수 있게 하는 것은 법의 개념이 아니라, 보편적 법칙 하에서 그 법칙과 합치하는 상호 동등한 강제이다.

그러나 순수수학(예컨대 기하학)에서는 이와 같은 역학적 개념의 근저에 다시 형식적 개념이 존재하므로, 이성은 법개념의 구성을 위하여 오성에 선험적 직관을 최대한 부가한 것이다. – 직선(rectum)은 일자형으로서 곡선과 사선에 대립된다. 직선은 두 개의 점 사이에 단 하나의 선만이 존재할 수 있는 선의 내적 성질이다. 곡선은 상호 교차하거나 회합하는 두 선의 위치이다. 선의 종류에는 어느 한쪽으로 기울지 않고 양쪽의 공간을 등분하는 단 하나의 (수직) 선도 있을 수 있다. 법학도 이를 유추하여 각자에게 그의 것을 (수학적으로 정확하게) 명확하게 규정하려고 하는데, 이는 도덕학에서는 기대할 수 없는 것이다.

도덕학은 어느 정도 예외의 여지(latitudinem)를 허용하지 않을 수 없기 때문이다. – 그러나 도덕학의 영역에 개입하지 않더라도 두 가지 사건, 즉 재판을 청구하여도 재판할 사람을 찾을 수 없는 사건과 소위 에피쿠로스의 중간세계Epikur's intermundia에 속하는 사건이 있다. – 이 사건들의 가변적 원리가 법학의 확고한 원칙에 영향을 미치지 않도록 하기 위하여, 우리는 우선 이 사건들을 우리가 곧 논하고자 하는 고유한 의미의 법학에서 제외하기로 한다.

법학 서론에 대한 추록

이중적 의미의 권리
(Ius aequivocum)

좁은 의미의 권리(ius strictum)에는 모두 강제권능이 결합되어 있다. 그러나 우리는 법률에 의하여도 강제권능이 규정될 수 없는 넓은 의미의 권리(ius latum)도 생각해 볼 수 있다. – 진정한 것이든 부진정한 것이든, 이와 같은 권리에는 형평성과 긴급피난권, 두 가지가 있다. 이 중에서 형평성은 강제 없는 권리를, 긴급피난권은 권리 없는 강제를 인정한다. 주지하다시피, 이와 같은 이중적 의미는 원래 그 사건의 재판에 어떠한 법관도 내세울 수 없는 의심스러운 권리가 존재한다는 사실에 기인한다.

I.
형평성
(Aequitas)

형평성은 (객관적으로 볼 때) 단순히 타인의 도덕적 의무(타인의 호의 및 친절)의 이행을 요구하는 근거가 아니다. 이를 이유로 무엇인가를 요구하는 자는 그의 권리에 근거하고 있는 것이다. 다만, 어느 정도로 또는 어떠한 방식으로 그의 요구가 충족될 수 있는지, 법관이 결정하는 데 필요한 조건이 결여되어 있을 뿐이다. 이익의 평등에 동의한 회사에서 다른 사원들보다 더 많은 일을 하였지만 사고로 인하여 더 많은 손실을 받은 사원은 형평성에 따라 다른 사원들과 균등하게 받는 것보다 더 많은 이익을 회사에 요구할 수 있다. 다만 본래적 (엄격한) 의미의 권리에 따르면, 우리가 그의 사건에서 법관을 생각해 볼 때, 법관은 계약에 따라 그에게 귀속되는 이익이 얼마인지를 결정할 수 있는 확실한 자료(data)를 가지고 있지 않기 때문에, 그의 청구는 기각될 수 있을 것이다. 연말까지의 임금을 그 기간 사이에 평가절하된 화폐로 지급받아 계약 체결 당시에 구입할 수 있었던 것을 구입할 수 없게 된 종업원은 액수는 같지만 화폐가치가 다른 경우에 손실보상청구권을 주장할 수 없고, 형평성을 기초로 호소할 수 있을 뿐이다 (말을 하지 않는 무언의 여신). 그러나 이에 대하여 계약에서 정해진 것은 없지만, 법관은 불명확한 약정에 따라 재판할 수 없기 때문이다.

그 결과, (타인의 권리에 대한 분쟁에서) 형평성의 법원은 모순을 포함하게 된다. 법관은 자신의 권리와 관계되어 있는 사건 및 임의로 처리할 수 있는 사건에서만 형평성에 귀를 기울일 수 있고 기울여야 한다. 예컨대, 엄격한 의미의 권리에 따라 타인이 자신의 책임으로 그 직무를 수행하였다는 이유로 그 청구를 기각할 수 있음에도, 타인이 직무상 받은 손해 및 배상 청원이 제출된 손해를 왕실이 스스로 부담하는 경우에 그렇다.

형평성의 법언(dictum)은 "가장 엄한 법이 최대의 불법이다"(summum ius summa iniuria)라는 것이다. 그러나 해악 제거가 법적 요청임에도, 이 해악은 법으로 규정된 것Rechtens의 방식으로는 제거될 수 없다. 이와 같은 법적 요청은 양심의 법원(forum poli, 하늘의 심판)에 속하지만, 법으로 규정된 것Rechtens의 문제는 모두 시민법(forum soli, 땅의 심판)에 속하기 때문이다.

II.
긴급피난권
(Ius necessitatis)

이 권리는 내가 죽음의 위험에 처해 있는 경우에 나에게 어떠한 불법도 행하지 않은 타인을 살해할 수 있는 권능으로 오해되고 있다. 확실히 이것은 법학의 자기모순이다. – 여기에서 언급되고 있는 것은 내가 나의 생명에 대한 부당한 공격자를 살인으로써 제압하는 것(ius inculpatae tutelae, 정당방위권)이 아니다. 이 경우에 절제

(moderamen)의 요청은 법에 속하지 않고 도덕에 속할 뿐이다. 여기에서 언급되고 있는 것은 나에게 어떠한 폭력행위도 행하지 않은 자에 대하여 폭력을 행사하는 것이 허용된다는 것이기 때문이다.

확실히, 이와 같은 주장은 법률의 규정에 따른 객관적 주장이 아니라, 법원의 판결이 어떻게 내려질 것인지에 대한 주관적 주장에 불과한 것이다. 난파선에서, 타인과 동일한 생명의 위험에 처하여, 자신의 생존을 위하여 타인이 의지하고 있는 선판에서 그를 밀어내는 자를 사형에 처하는 형법은 있을 수 없다. 법률에 의하여 위하되는 형벌은 그에 대한 사형보다 더 중할 수 없기 때문이다. 그렇다면 그와 같은 형법은 소기의 효과를 발휘할 수 없다. 불확실한 해악(법관의 사형 선고)의 위험이 확실한 해악(즉 익사)에 대한 공포를 능가할 수 없기 때문이다. 따라서 폭력적 자기보존 행위는 비범죄(inculpabile)가 아니라 처벌조각사유(impunibile)로 판단되어야 한다. 그런데 법학자들은 이상하게도 이를 혼동하여 이 주관적 처벌조각사유를 객관적 위법성조각사유(합법성)로 간주하고 있다.

긴급피난권Nothrecht의 법언은 "위난에 법 없다(necessitas non habet legem)"라는 것이다. 그러나 부당한 것을 합법화하는 위난은 있을 수 없다.

우리는 (형평성 및 긴급피난권에 따른) 두 가지 법적 판단에서 이중적 의미(aequivocatio)가 (이성과 법원에 의한) 권리 행사의 객관적 근거와 주관적 근거의 혼동에 기인한다는 것을 알 수 있다. 따라서 어떤 사람이 상당한 이유에서 정당하다고 인식하는 것이 법원에 의하여 인정되지 않을 수도 있고, 부당하다고 판단할 수밖에 없는 것이 법원에 의하여 용인될 수도 있다. 이는 권리의 개념이 이 두 경우에 동일한 의미로 사용되지 않았기 때문이다.

법규범의 분류

§ A.
법적 의무의 일반적 분류

우리가 울피아누스Ulpian의 공식에 그가 명확하게 생각하지 못하였지만 그로부터 전개되거나 그에 부여될 수 있는 의미를 보충한다면, 그에 따라 이와 같은 분류가 행해질 수 있을 것이다. 그 공식은 다음과 같다.

1) 정직한 인간이 되어라(honeste vive). 법적 정직성(honestas iuridica)은 타인과의 관계에서 자신의 가치를 인간의 가치로서 주장하는 것이다. 이 의무는 다음과 같은 명제를 통하여 표현된다: "타인의 단순한 수단이 되지 말고, 동시에 타인에 대하여 목적이 되어라." 이 의무는 이하에서 우리 자신의 인격

속에 있는 인간성Menschheit의 권리로부터 나오는 의무로 설명될 것이다(Lex iusti).

2) 누구에게도 불법을 행하지 말고(neminem laede), 더 나아가 타인과의 모든 관계에서 벗어나 모든 교제를 삼가라(Lex iuridica).

3) (이를 피할 수 없다면) 각자에게 그의 것이 보존될 수 있는(suum cuique tribue) 타인과의 교제로 이행하라. – 이 공식이 "각자에게 그의 것을 주어라"는 의미로 번역된다면 불합리한 언사가 될 것이다. 우리는 누구에게도 그가 이미 소유하고 있는 것을 줄 수 없기 때문이다. 따라서 이 명제가 의미를 가지려면 다음과 같이 표현되어야 할 것이다. "각자에게 그의 것이 타인에 대하여 보장될 수 있는 상태로 이행하라(Lex iustitiae)."

위 세 개의 고전적 공식은 법적 의무의 체계를 내적 의무, 외적 의무 및 포섭에 의하여 내적 의무의 원리로부터 외적 의무를 도출하여야 할 의무로 분류하는 원리이기도 하다.

§ B.

권리의 일반적 분류

1) 체계적 학설의 분류로서, 권리는 순수한 선험적 원리에 근거하는 자연권과 입법자의 의사에서 유래하는 실정권(법령상의statutarische 권리)으로 분류된다.

2) 권리는 타인에게 의무를 부과하는(도덕적) 능력으로서 그 능력의 법률적 근거(titulum, 권원) 유무에 따라 분류될 수 있는데, 상위분류는 선천적 권리와 후천적 권리로 분류하는 것이다. 전자는 모든 법적 행위와 무관하게 각자에게 생래적으로 귀속되는 권리이고, 후자는 법적 행위가 필요한 권리이다.

선천적인 나의 것과 너의 것은 내적인 것(meum vel tuum internum)이라고도 할 수 있다. 외적인 것은 언제나 취득되어야 하기 때문이다.

선천적 권리는 단 하나다

자유(타인의 강요적 자의로부터의 독립성)가 바로, 그것이 보편적 법칙에 따라 타인의 자유와 공존할 수 있는 한, 이 유일한, 시원적인, 모든 사람에게 그의 인간성에 의하여 귀속되는 권리이다. – 자유는 선천적 평등, 즉 서로 구속할 수 있는 것보다 더 많은 구속을 타인으로부터 받지 않는 독립성이다. 따라서 자유는 자기 자신의 주인(sui iuris)이 될 수 있는 인간의 자격, 또한 모든 법적 행위 이전에 어떠한 불법도 행하지 않았기 때문에 결점이 없는 인간(iusti)의 자격이다. 끝으로, 자유는 타인이 이를 수용하지 않는 경우에 그의 것에 해가 되지 않는 것을 그에게 행할 수 있는 권능이다. 진실이든 거짓이든(veriloquium aut falsiloquium), 타인에게 자신의 생각을 전하거나, 무엇을 이야기하거나 약속하는 것이 그러한 것이다. (타인이 이를 믿을 것인지는 그의 마음에 달려 있기 때문이다.*) – 이 모든 권능은 선천적 자유의 원리에 이미 내재하는 것이고, 실제로 (상위의 권리개념 하에 있는 분류의 소항목으로서의) 자유와 구별되지 않는다.

우리가 이와 같은 분류를 (그 체계가 선천적 권리에 관한 것인 한) 자연권의 체계에 도입한 의도는, 후천적 권리에 대하여 분쟁이 발생하고, 의심스러운 행위 또는 그 행위가 확인된 때에는 의심스러운 권리에 대하여 누가 입증(onus probandi) 책임을 지는지의 문제가 발생할 때, 이 책임을 거부하는 자가 그의 선천적 자유권을 (이 자유권은 그 다양한 관계에 따라 특수화된다) 방법적으로 또한 다양한 권원에 따라 주장할 수 있게 하기 위한 것이다.

선천적인, 따라서 내적인 나의 것과 너의 것에 대하여는 다수

---

*) 경솔하더라도 고의로 거짓말하는 것을 일반적으로 사기(merdacium)라고 한다. 적어도 그 말을 믿고 전파하는 자는 귀가 얇은 자로서 타인에게 조롱거리가 되는 한, 거짓말도 손해를 가할 수 있기 때문이다. 그러나 법적 의미에서는 타인의 권리를 직접 침해하는 거짓말만을, 예컨대 어떤 사람의 것을 편취하기 위하여 그와 체결한 계약을 위조하여 제시하는 것(falsiloquium dolosum)을 사기라고 한다. 매우 유사한 개념들을 이렇게 구별하는 데에는 이유가 없지 않다. 이 사람은 그 말을 믿을 수 없는 사람이라고 어떤 이유에서 비방하는 것은 그를 사기꾼이라고 비난하는 것과 매우 비슷하므로, 여기에서 법에 속하는 것과 도덕에 속하는 것은 위와 같은 방식으로만 구별될 수 있음에도, 자신의 생각을 표현할 때 이유를 불문하고 그것을 수용하는 것은 언제나 타인의 자유이기 때문이다.

의 권리가 존재하지 않고 단 하나의 권리만이 존재하기 때문에, 내용이 지극히 다른 두 개의 항목으로 구성된 이 상위분류는 서론에 편입되고, 법학의 분류는 외적인 나의 것과 너의 것에 관하여만 행해질 수 있는 것이다.

* * *

자연법의 최상위 분류는 (때때로 행해지듯) 자연적 법과 사회적gesellschaftliche 법으로 분류하는 것이 아니라, 자연적 법과 시민적bürgerliche 법으로 분류하는 것이어야 한다. 자연적 법을 사법das Privatrecht, 시민적 법을 공법das öffentliche Recht이라고 한다. 자연상태에 대립하는 것은 사회적 상태가 아니라 시민적 상태이기 때문이다. 자연상태에서도 사회는 존재할 수 있지만, (공법에 의하여 나의 것과 너의 것을 보장하는) 시민적 사회는 존재할 수 없다. 따라서 자연상태에서의 법을 사법이라고 한다.

제 1 부

사법

일반적 법이론
제1부

사법
외적인 나의 것과 너의 것

제1장

외적인 것을 자신의 것으로 소유하는 방식

§ 1.

법적으로 나의 것(meum iuris)은 타인이 나의 동의 없이 그것을 사용하는 것이 나를 침해하게 될 정도로 나와 결합되어 있는 것이다. 사용 가능성의 주관적 조건은 점유Besitz이다.

그러나 외적인 것은, 내가 점유하지 않는 물건이더라도 타인이 그것을 사용함으로써 내가 침해될 수 있음을 인정할 수 있는 때에만, 나의 것이 된다. – 그러므로 점유의 개념이 다른 의미, 즉 감각적 점유와 예지적 점유의 의미를 가질 수 없다면, 외적인 것을 자신의 것으로 소유하는 것은 자기모순이다. 전자는 물리적 점유로, 후자는 그 물건의 법적 점유로 이해될 수 있다.

그러나 "어떤 대상이 나의 외부에 있다"는 표현은 그것이 단지 나(주체)와 구별되는 것임을 의미하거나, 공간적 또는 시간적으로 다른 위치(positus)에 있는 대상임을 의미할 수도 있다. 전자의 의미의 점유는 이성적 점유Vernunftbesitz라고 할 수 있지만, 후자의 의미의 점유는 경험적 점유라고 하여야 할 것이다. – 예지적 점유는 (그러한 것이 가능하다면) 소지(detentio) 없는 점유이다.

§ 2.
실천이성의 법적 요청

나의 자유의지의 모든 외적 대상을 나의 것으로 소유하는 것은 가능하다. 즉 어떤 준칙이 법률Gesetz이 되고, 그에 따라 자유의지의 대상 자체가 (객관적으로) 무주물(res nullius)이 되어야 한다면, 그 준칙은 위법한rechtswidrig 것이다.

나의 자유의지의 대상은 내가 물리적으로 사용할 수 있어야 하는 것이기 때문이다. 그러나 내가 그것을 사용하는 것이 법적으로 불가능하다면, 즉 보편적 법칙에 따라 각자의 자유와 공존할 수 없다면 (불법이라면), 자유의지가 물건의 사용에 있어 형식적으로 보편적 법칙에 따라 각자의 외적 자유와 조화될 수 있음에도 불구하고, 자유는 사용 가능한 대상을 사용하지 못하게 함으로써, 즉 실천적 관점에서 대상의 사용 가능성을 부정하고 무주물이 되게 함으로써, 그 대상에 관한 자유의지의 행사를 스스로 제거하게 될 것이다. – 순수 실천이성은 자유의지 행사의 형식적 법률만을 기초로 삼고, 객체가 자유의지의 대상에 지나지 않는다면, 자유의지의 대상, 즉 객체의 여타 특성을 도외시하므로, 그와 같은 대상에 관하여 절대적 사용금지를 포함할 수 없다. 절대적 금지는 외적 자유의 자기모순이 되기 때문이다. – 그러나 나의 자유의지의 대상은 내가 그것을 임의로 사용할 수 있는 물리적 능력을 가지고 있고, 또한 그 능력(potentia)을 행사할 수 있는 것이다. 이것은 그 대상을 내가 폭력으로(in potestatem meam redactum) 소유하는 것과 구별되어야 한다. 이것은 능력뿐만 아니라 자유의지의 행사까지도 전제로 한다. 그러나 어떤 것을 단순히 나의 자유의지의 대상으로 생각하기 위하여는 내가 그것을 소유할 수 있음을 의식하는 것으로 충분하다. – 그러므로 나의 자유의지의 모든 대상을 객관적으로 가능한 나의 것 또는 너의 것으로 간주하고 취급하는 것은 실천이성의 선험적a priori 전제조건이다.

이 요청을 실천이성의 허용법칙(lex permissiva)이라고 할 수 있다. 이것은 단순한 권리 개념으로부터 도출할 수 없는 권능을 우리에게 부여한다. 즉 우리가 최초로 그것을 점유했다는 이유로 다른 모든 사람에게 우리의 자유의지의 대상을 사용하지 않을 의무를 부과하는 권능을 우리에게 부여하는 것이다. 그렇지 않다면 그들은 그와 같은 의무를 지지 않는다. 이성은 이것이 원칙으로서, 즉 이 선험적 요청을 통하여 확대되는 실천이성으로서 효력을 가지기를 원한다.

§ 3.

어떤 물건을 자신의 것으로 소유하고 있음을 주장하려는 자는 대상을 점유하고 있어야 한다. 그렇지 않다면 타인이 그의 동의 없이 그것을 사용하더라도 그는 침해를 받을 수 없기 때문이다. 그의 외부에 있는 것, 즉 그와 법적으로 결합되어 있지 않은 것이 이 대상에 영향을 미치더라도, 그것은 그 자신(주체)에게 영향을 미칠 수 없고 그에게 불법을 행할 수 없기 때문이다.

§ 4.
외적인 나의 것과 너의 것의 개념 해명

나의 자유의지의 외적 대상에는 세 가지가 있다: 1) 나의 외부에 있는 (유형의) 물건, 2) 특정행위(praestatio, 이행)에 대한 타인의 자유의지, 3) 나와의 관계에서 타인의 상태. 이는 실체, 인과관계 및 자유의 법칙에 의한 나와 외적 대상 사이의 관계의 범주에 따른 것이다.

a) 내가 공간 속의 어떤 대상(유형물)을 나의 것이라고 말할 수 있는 것은 내가 그것을 물리적으로 점유하고 있지 않더라도 그것을 다른 방식으로 실제로 (즉 비물리적으로) 점유하고 있음을 주장할 수 있는 경우뿐이다. – 그러므로 내가 사과를 나의 것이라고 말할 수 있는 것은 내가 그것을 수중에 가지고 있기 (물리적으로 점유하고 있기) 때문이 아니라, 사과를 어디에 두더라도 내가 그것을 점유하고 있다고 말할 수 있기 때문이다. 이와 마찬가지로 내가 누웠던 땅을 나의 것이라고 말할 수 있는 것은 내가 거기에 누웠기 때문이 아니라, 내가 그곳을 떠났더라도 그것을 여전히 점유하고 있다고 주장할 수 있기 때문이다. 물론 전자의 (경험적 점유의) 경우에 내 손에서 사과를 빼앗으려고 하는 자 또는 휴식처에서 나를 끌어내려고 하는 자는 내적인 나의 것(자유)을 침해하지만, 내가 나의 것을 소지하지 않더라도 그 대상을 점유하고 있다고 주장할 수 없다면, 즉 내가 이들 대상(사과와 휴식처)을 나의 것이라고 말할 수 없다면 외적인 나의 것을 침해하지 않는다.

b) 내가 타인의 자유의지에 의한 어떤 것의 이행을 나의 것이라고 말할 수 있는 것은 내가 그의 약속과 동시에 (pactum re initum, 요물계약) 그것을 점유하게 되었기 때문이 아니라, 이

행기가 아직 도래하지 않았더라도 내가 타인의 자유의지를 점유하고 (이행을 명할 수) 있기 때문이다. 따라서 내가 약정된 것을 (전자의 경우처럼) 이미 점유하고 있을 때뿐만 아니라 그것을 아직 점유하고 있지 않더라도, 타인의 약속은 자산(obligatio activa)에 속하고, 나는 이를 나의 것으로 평가할 수 있다. 따라서 나는 시간적으로 제한된 점유, 즉 경험적 점유와 관계없이 그 대상을 점유하고 있다고 생각할 수 있어야 한다.

c) 내가 아내, 자녀, 하인 기타 타인을 나의 것이라고 말할 수 있는 것은 그들이 나의 가정에 속하고 내가 현재 그들에게 명령을 하거나 그들을 강압하고 폭력적으로 점유하고 있기 때문이 아니다. 내가 그렇게 말할 수 있는 것은, 그들이 강제에서 벗어나 있더라도, 즉 내가 그들을 (경험적으로) 점유하고 있지 않더라도, 그들이 언제 어디에서든 생존하고 있는 한 나의 단순한 의지에 의하여, 즉 순수하게 법적으로 그들을 점유하고 있다고 말할 수 있기 때문이다. 따라서 내가 이를 주장할 수 있을 때 그 한에서만 그들은 나의 소유물에 해당한다.

§ 5.

외적인 나의 것과 너의 것의 개념 정의

명목적 설명, 즉 객체를 다른 모든 것과 구별하기에 충분하고 그 개념의 충분하고 명확한 해명으로부터 도출되는 설명은 다음과 같다. 외적인 나의 것은 나의 외부에 있는 것으로서, 그에 대한 나의 임의의 사용을 방해하는 것이 침해(보편적 법칙에 따라 각자의 자유와 공존할 수 있는 나의 자유에 대한 침해)가 되는 것이다. – 그러나 이 개념의 실질적 설명, 즉 그 개념을 연역(그 대상의 가능성을 인식)하기에 충분한 설명은 다음과 같다. 외적인 나의 것은, 내가 그것을 점유하지 않더라도 (그 대상의 소지자가 아니더라도), 그에 대한 나의 사용을 방해하는 것이 침해가 되는 것이다. – 외적 대상을 나의 것이라고 불러야 한다면 나는 그 대상을 어떻게든 점유하고 있어야 한다. 그렇지 않다면 어떤 사람이 나의 의지에 반하여 이 대상에 영향을 미치더라도 그는 나에게 영향을 미치지 않고, 나를 침해하지도 않기 때문이다. 그러므로 외적인 나의 것 또는 너의 것이 존재하여야 한다면, § 4에 따라 예지적 점유(possessio noumenon)가 가능한 것으로 전제되어야 한다. 따라서 내가 점유하고 있는 대상이 여기에서, 선험적 분석론에서 행해지는 것처럼, 현상으로 고찰되지 않고 사물 그 자체로 고찰되더라도 경험적 점유(소지)는 현상적 점유(possessio phaenomenon)에 지나지 않는다. 거기에서 이성의 문제는 사물의 본성에 대한 이론적 인식과 이성의 도달 범위였지만, 여기에서는 자유의 법칙에 따른 자유의지의 실천적 결정이고, 대상은 감각 또는 순수오성을 통하여 인식될 수 있으며, 권리는 자유의 법칙하에 있는 자유의지의 순수한 실천적 이성개념이기 때문이다.

바로 이 때문에 이 대상 또는 저 대상에 대한 권리를 점유한다고 말하지 않고, 오히려 대상을 순수하게 법적으로 점유한다고 말하는 것이 정당할 것이다. 권리가 이미 어떤 대상에 대한 정신적 점유인데, 점유를 점유한다는 것은 몰지각한 표현이기 때문이다.

§ 6.
외적 대상의 순수한 법적 점유(possessio noumenon) 개념의 연역

외적인 나의 것과 너의 것은 어떻게 가능한가? 이 물음은 다음과 같은 물음으로 해체된다: 순수한 법적 (예지적) 점유는 어떻게 가능한가? 이 물음은 다시 세 번째 물음으로 해체된다: 선험적인 종합적 법규범Rechtssatz은 어떻게 가능한가?

모든 법규범은 이성의 법칙(dictamina rationis)이기 때문에 선험적 명제이다. 경험적 점유에 관한 선험적 법규범은 분석적이다. 그것은 경험적 점유로부터 모순율에 따라 도출되는 것을 말하고 있을 뿐이기 때문이다. 즉 내가 어떤 물건의 소지자일 때 (따라서 그 물건과 물리적으로 결합되어 있을 때), 나의 승낙 없이 그 물건에 영향을 미치는 (예컨대 내 손에서 사과를 빼앗는) 자는 내적인 나의 것(나의 자유)에 영향을 미치고 침해한다는 것, 따라서 그의 준칙은 법의 공리와 정면으로 충돌한다는 것을 말하고 있을 뿐이기 때문이다. 그러므로 적법한 경험적 점유의 명제는 자기 자신에 관한 개인의 권리를 벗어나지 않는다.

이에 반하여 경험적 점유의 모든 공간적, 시간적 조건(즉 예지적 점유possessio noumenon의 가능성의 조건)이 제거된 후에 정립되는, 나의 외부에 있는 물건의 점유 가능성의 명제는 위 제한조건을 벗어난다. 또한 그 명제는 소지 없는 점유도 외적인 나의 것과 너의 것의 개념을 위하여 필요한 것으로 규정하기 때문에 종합적이다. 경험적 점유의 개념을 넘어 확장되는 이와 같은 선험적 명제가 어떻게 가능한지를 보여주는 것은 이성의 과제에 도움이 될 수 있다.

이와 같이, 예컨대 벽지를 점유하는 것은 사적 자유의지의 행위이지만, 자의적인 것은 아니다. 이 점유자는 토지의 생래적 공동점유와 이에 선험적으로 상응하는, 그 토지에서 허용되는 사적 점유의 보편적 의지에 기초한 것이다 (그렇지 않다면 벽지의 물건은 그 자체로서, 또한 법률에 따라 무주물이 되기 때문이다). 또한 이 점유자는 그 물건에 대한 자신의 사적 사용을 방해하는 타인에 대하여, 자연상태에서는 공법이 존재하지 않으므로 법적으로(de iure) 대항하는 것은 아니지만, 권리로써(iure) 대항함으로써 최초의 점유를 통하여 일정한 토지를 시원적으로 취득하는 것이다.

어떤 토지가 무주물로, 즉 만인의 사용에 대하여 개방되어 있는 것으로 간주되거나 해명되더라도, 그 토지가 모든 법적 행위에 선행하여 본래부터 근본적으로 무주물이라고 말할 수는 없다. 그것도 물건, 즉 만인의 점유를 거부하는 토지와의 관계이기 때문이다. 이와 같은 토지의 무주물성은 만인에 대한 사용금지가 되므로 각자의 이용을 위하여는 토지의 공동점유가 요구되는데, 토지의 공동점유는 계약에 의하여만 성립할 수 있다. 그러나 계약에 의하여만 무주물이 될 수 있는 토지는 그 사용을 서로 금지하거나 중지시키는 (서로 결합되어 있는) 모든 자들이 실제로 점유하고 있는 것이어야 한다.

이와 같은 토지와 그 지상물의 시원적 공유(communio fundi originaria, 시원적 토지공유)는 객관적인 (법적으로 실천적인) 실재성을 가지는 이념이고, 허구적인 원시적 공유(communio primaeva)와 완전히 다른 것이다. 원시적 공유는 창설된 공유이며, 모든 사람이 사적 점유를 포기하고 자신의 점유와 타인의 점유를 결합하여 사적 점유를 총유Gesammtbesitz로 전환시키는 계약에 의하여 성립하는 것이기 때문이다. 이에 대하여는 역사가 증명하여야 할 것이다. 그러나 이와 같은 절차를 시원적 점유 Besitznehmung로 간주하는 것과 각자의 특별점유는 이에 기하여 창설될 수 있었고 창설되어야 했다는 것은 모순이다.

점유(possessio)와 거주(sedes)는 다르다. 또한 장차 취득할 목적으로 토지를 점유하는 것과 정주, 정착(incolatus)은 다르다. 정주, 정착은 어떤 장소를 계속 사적으로 점유하는 것이며, 그와 같은 점유는 그 장소에서 주체의 현존을 조건으로 한다. 점유에 이어 행해질 수도 있고 행해지지 않을 수도 있는 두 번째 법적 행위로서의 정주에 관하여는 여기에서 언급하지 않는다. 그것은 시원적 점유가 아니라 타인의 동의로부터 파생되는 점유이기 때문이다.

토지의 순수한 물리적 점유(소지)는, 물론 그 토지를 나의 것으로 간주하기에는 아직 불충분하지만, 이미 물권이다. 타인과의 관계에서 그것은 (사람들이 알고 있는 한) 첫 번째 점유로서 외적 자유의 법칙과 합치하고, 동시에 선험적으로 사적 점유 가능성의 근거를 포함하는 시원적 총유에 포함되어 있는 것이다. 따라서 최초 소지자의 토지 이용을 방해하는 것은 침해이다. 즉 최초의 점유는 그 자체로서 권리의 근거(titulus possessionis)를 가진다. 이는 시원적 공동점유이다. 누구든지 자신의 점유를 입증할 의무를 지지 않으므로, 점유자의 이익으로(beati possidentes)! 이 명제는 최초의 점유를 취득의 법적 근거로 제시하는 자연법의 원칙이다. 모든 최초 점유자는 이 원칙을 원용할 수 있다.

선험적인 이론적 원칙에서는 (순수이성비판에 따라) 주어진 개념에 선험적 직관이 부여되어야 한다. 따라서 대상의 점유 개념에 그 무엇이 부가되어야 한다. 이 실천적 원칙에서만 역으로 진행된다. 따라서 점유의 개념을 경험적 점유를 넘어 확장하기 위하여는, 또한 내가 점유하지 않고 폭력으로 소유하는 (또한 그러한 한에서만) 자유의지의 모든 외적 대상은 법적으로 나의 것에 포함될 수 있다고 말할 수 있기 위하여는, 경험적 점유의 근거가 되는 직관의 모든 조건이 제거(배제)되어야 한다.

이와 같은 점유의 가능성, 즉 비경험적 점유 개념의 연역은 "외적인 것(사용 가능한 것)이 각자의 것이 될 수 있도록 타인에 대하여 행위하는 것은 법적 의무이다"라는 실천이성의 법적 요청에 기초한 것이며, 동시에 비물리적 점유만을 근거로 외적인 각자의 것을 인정하는 비경험적 점유 개념의 해명과 결합되어 있다. 그러나 비물리적 점유의 가능성 자체는 (그에 상응하여 직관이 부여될 수 없는 이성개념이므로) 증명되거나 인식될 수 있는 것이 아니라, 위 요청의 직접적 결론이다. 위 법원칙에 따라 행위하는 것이 필요하다면 (순수한 법적 점유의) 예지적 조건도 가능하여야 하기 때문이다. – 주시하다시피, 외적인 나의 것과 너의 것의 이론적 원리는 예지적인 것에서 사라지고 더 이상 인식을 제공하지 못한다. 그 원리의 기초가 되는 자유의 개념은 그 가능성의 이론적 연역이 불가능하고 이성의 실천적 법칙(정언명령), 즉 자유의 사실로부터만 도출될 수 있는 것이기 때문이다.

§ 7.
외적인 나의 것과 너의 것의 가능성의 원리를 경험의 대상에 적용함

순수한 법적 점유의 개념은 (공간과 시간의 제약을 받는) 경험적 개념이 아니지만 실천적 실재성을 가진다. 즉 그 개념은, 그 인식이 위와 같은 제약을 받는, 경험의 대상에 적용될 수 있어야 한다. – 경험의 대상, 즉 가능한 외적인 나의 것과 너의 것에 관한 법적 개념의 적용방식은 다음과 같다. 이성에만 내재하는 법적 개념은 경험적 대상과 경험적 점유의 개념에 직접 적용될 수 없다. 그것은 우선 소지(detentio), 즉 점유의 경험적 표상 대신에 모든 공간적, 시간적 조건을 배제하는 소유의 개념이 성립하도록, 또한 내가 대상을 지배한다(in potestate mea positum esse)는 것만이 성립하도록, 점유의 순수한 오성개념에 적용되어야 한다. 외적인 것이라는 표현은 내가 있는 곳과 다른 장소에 존재하는 것 또는 제안 시간과 다른 시간에 나의 의사결정과 승인이 존재하는 것을 의미하지 않고, 나와 구별되는 대상만을 의미하기 때문이다. 따라서 실천이성은 법원칙Rechtsgesetz을 통하여 내가 나의 것과 너의 것을 대상에 적용함에 있어, 이는 자유의 법칙에 따른 자유의지의 결정이므로, 감각적 조건에 따라 나의 것과 너의 것의 점유를 생각할 것이 아니라 감각적 조건을 배제하고 나의 것과 너의 것의 점유를 생각할 것을 요구한다. 오성개념만이 법적 개념에 포섭될 수 있기 때문이다. 그러므로 내가 실제로 있는 곳과 전혀 다른 장소에 경작지가 있음에도, 나는 그것을 점유하고 있다고 말할 수 있다. 여기에서는, 내가 그것을 지배하고 있는 한 (공간적 규정에 의존하지 않는 점유의 오성개념), 대상과의 예지적 관계만이 문제될 뿐이고, 그 임의적 사용을 결정하는 나의 의지가 외적 자유의 법칙에 위배되지 않으므로 그것은 나의 것이기 때문이다. 실천이성은 나의 자유의지의 대상의 현상적 점유(소지)를 배제하고 오성개념에 따라 점유를 사유할 것을 요구한다. 즉 경험적 개념에 따르지 않고, 선험적으로 점유의 조건을 포함할 수 있는 개념에 따라 사유할 것을 요구하는 것이다. 바로 여기에 그와 같은 점유

(possessio noumenon, 예지적 점유) 개념의 타당성, 즉 보편타당한 입법의 근거가 있다. 그와 같은 입법은 "이 외적 대상은 나의 것이다"라는 표현에 포함되어 있다. 이를 통하여 다른 모든 사람에게, 그와 같은 입법이 없다면 그들이 지지 않을 의무, 즉 그 대상을 사용하지 않을 의무가 부과되기 때문이다.

그러므로 나의 외부에 있는 것을 나의 것으로 소유하는 방식은, 대상과의 공간적, 시간적 관계와 관계없이, 예지적 점유의 개념에 따른 주체의 의지와 그 대상의 법적 결합이다. — 지상의 어떤 장소가 외적인 나의 것이 되는 것은 내가 그것을 신체로 차지하고 있기 때문이 아니다 (여기에서 그것은 나의 외적인 자유, 즉 나의 외적인 자유 자체의 점유일 뿐이고, 나의 외부에 있는 것이 아니므로 내적 권리일 뿐이기 때문이다). 내가 그 장소를 떠나 다른 장소로 이동하더라도 그것을 여전히 점유하는 경우에만 그것은 나의 외적인 권리이다. 나의 신체를 통하여 이 장소를 계속 점거하는 것을 그 장소를 나의 것으로 소유하기 위한 조건으로 삼으려고 하는 자는 외적인 것을 자신의 것으로 소유하는 것은 불가능하다고 주장하거나 (이것은 § 2의 요청에 위배된다), 이것이 가능하기 위하여는 내가 두 개의 장소에 동시에 있을 것을 요구하는 것이다. 그러나 이것은 내가 한 장소에 있어야 하고 또한 있지 않아야 한다는 것을 말하는 것인데, 이는 자기모순이다.

이것은 내가 약속을 수락한 경우에도 적용될 수 있다. 이 경우에 약속한 사람이 처음에는 "이 물건을 너의 것으로 한다"고 말하고, 그 후에는 그 물건에 관하여 "나는 이제 이 물건을 너의 것으로 하지 않겠다"고 말하더라도, 약속한 것에 대한 나의 소유와 점유가 이로 인하여 폐지되는 것은 아니기 때문이다. 그와 같은 예지적 관계는 마치 그가 두 개의 의사표시 사이에 시차 없이 "이 물건을 너의 것으로 한다"고 말하고 또한 "이 물건을 너의 것으로 하지 않는다"고 말하는 것과 같은 상황인데, 이는 자기모순이기 때문이다.

사람, 즉 주체의 소유에 속하는 자(그의 아내, 자녀, 하인)에 대한 법적 점유의 개념도 마찬가지다. 즉 이 가정공동체는, 또한 그 모든 구성원의 상태에 대한 상호 점유는 장소적으로 서로 떨어져 살 권능에 의하여 폐지되는 것이 아니다. 그들을 결합하고 있는 것은 법적 관계이고, 위 경우와 마찬가지로 여기에서 외적인 나의 것과 너의 것은 전적으로 소지 없는 순수한 이성적 점유의 가능성이라는 전제에 근거하고 있기 때문이다.

이성이 외적인 나의 것과 너의 것의 개념에서 법적-실천 이성을 비판할 수밖에 없는 것은 그와 같은 점유의 가능성에 관한 명제들의 이율배반성 때문이다. 즉 명제Thesis와 반대명제 Antithesis 양자가 상호 모순되는 두 조건의 타당성을 동등하게 주장하는, 불가피한 변증법Dialektik 때문에 이성은 (법에 관한) 그 실천적 사용에서도 현상으로서의 점유와 오성에 의하여만 사유될 수 있는 점유를 구별하여야 하는 것이다.

명제: 내가 외적인 것을 점유하고 있지 않더라도 그것을 나의 것으로 소유하는 것은 가능하다.

반대명제: 내가 외적인 것을 점유하고 있지 않다면 그것을 나의 것으로 소유하는 것은 불가능하다.

해결: 두 명제는 참이다. 내가 그 말을 경험적 점유(possessio phaenomenon)로 이해할 때 전자는 참이고, 내가 그 말을 순수한 예지적 점유(possessio noumenon)로 이해할 때 후자는 참이기 때문이다. – 그러나 예지적 점유의 가능성은, 따라서 외적인 나의 것과 너의 것의 가능성도 통찰될 수 있는 것이 아니라, 실천이성의 요청에서 도출되어야 하는 것이다. 이 경우에 특히 주목할 만한 것은, 실천이성은 직관 없이, 선험적 직관도 필요 없이, 자유의 법칙에 따라 경험적 조건을 정당하게 제거함으로써 자신을 확장하고 선험적인 종합적 법규범을 정립할 수 있다는 것이다. 이 법규범은 (후술하는 바와 같이) 실천적 관점에서 분석적 방식으로 증명될 수 있다.

§ 8.
외적인 것을 자신의 것으로 소유하는 것은 법적 상태에서만, 공적 입법권 하에서만, 즉 시민적 상태에서만 가능하다

내가 (말 또는 행동으로) 외적인 것을 나의 것으로 하겠다고 표명한다면, 나는 다른 모든 사람에게 나의 자유의지의 대상을 사용하지 않을 의무가 있음을 선언하는 것이다. 그것은 이와 같은 나의 법적 행위가 없다면 아무도 지지 않는 의무이다. 그러나 이 선언에는 동시에 다른 모든 사람에게 외적인 그의 것을 서로 똑같이 사용하지 않을 의무를 진다는 승인이 포함되어 있다. 여기에서 이 의무는 외적인 법적 관계의 보편적 규칙에서 유래하기 때문이다. 그러므로 다른 모든 사람이 나의 것에 대하여 이 원리에 따라 행동할 것을 보장하지 않는다면, 나는 외적인 그의 것을 침해하지 않을 의무를 지지 않는다. 그와 같은 보장은 특별한 법적 행위를 필요로 하는 것이 아니라, 보편성, 즉 보편적 규칙에서 유래하는 의무의 상호성 때문에 외적인 법적 의무의 개념에 이미 포함되어 있는 것이다. – 그러나 외적인, 즉 우연적인 점유에 관한 일방적 의사는 만인에 대한 강제법칙이 될 수 없다. 그것은 보편적 법칙에 따라 자유를 침해하기 때문이다. 따라서 만인에게 이를 보장할 수 있는 의사는 오로지 다른 모든 사람을 구속하는, 즉 집단적–보편적(공통적)이며 권력적인 의사이다. – 그러나 권력이 수반되는 보편적인 외적 (즉 공적) 입법하에 있는 상태는 시민적 상태이다. 그러므로 시민적 상태에서만 외적인 나의 것과 너의 것이 존재할 수 있는 것이다.

결론: 외적인 대상을 자신의 것으로 소유하는 것이 법적으로 가능하여야 한다면, 그와 같은 대상에 대하여 나의 것과 너의 것의 분쟁을 벌이는 다른 모든 사람에게 자신과 함께 시민적 체제 bürgerliche Verfassung로 이행할 것을 강요하는 것도 주체에게 허용되어야 한다.

§ 9.
자연상태에서도 진정한, 그러나 잠정적인 외적인 나의 것과 너의 것이 성립할 수 있다

시민적 체제라는 상태에서의 자연법(즉 시민적 체제를 위하여 선험적 원리들에서 도출될 수 있는 법)은 시민적 체제의 법령die statutarischen Gesetze에 의하여 침해될 수 없다. 따라서 "나의 자유의지의 대상을 나의 것으로 소유하는 것을 불가능하게 하는 준칙에 따라 행위하는 자는 나를 침해하는 것이다"라는 법적 원리는 효력을 유지한다. 각자에게 그의 것을 보장하기만 할 뿐 처음부터 그것을 형성하거나 결정하지 않는 법적 상태만이 시민적 체제이기 때문이다. – 그러므로 모든 보장Garantie은 (그것이 보장되는) 어떤 사람의 그의 것을 이미 전제하는 것이다. 따라서 시민적 체제에 앞서 (또는 그것을 도외시하더라도) 외적인 나의 것과 너의 것이 가능한 것으로 용인되어야 하고, 동시에 우리가 어떠한 방식으로든 교제할 수 있는 모든 자에게 우리와 함께 외적인 나의 것과 너의 것이 보장될 수 있는 체제로 이행할 것을 강요하는 권리도 가능한 것으로 용인되어야 한다. – 공동의지의 법칙에 의하여만 창설될 수 있는, 즉 그 법칙의 가능성과 합치하는, 그와 같은 상태를 기대하고 준비하는 점유는 잠정적인provisorisch 법적 점유이다. 이에 반하여 그와 같은 현실적 상태에서 행해지는 점유는 확정적peremtorischer 점유이다. – 이 상태로 이행하기 전에 주체가, 이를 거부하고 자신의 잠정적 점유를 방해하는 자들에게 저항하는 것은 정당하다. 그에게 일정한 점유를 포기할 의무를 부과하는, 그 외의 다른 모든 사람의 의지는 일방적인 것이어서 그의 점유에 대항할 수 있는 (보편적 의지에만 있는) 법칙적 효력을 가지는 것이 아니기 때문이다. 그러나 그가 이 점에서 확정적 점유의 장점을 주장하고 시민적 상태의 도입과 건설에 동의하는 것은 법칙적 효력을 가진다. – 요컨대, 자연상태에서 외적인 것을 자신의 것으로 소유하는 방식은 물리적 점유이다. 이 점유는 공적 입법에서 모든 사람의 의사와 결합되어 법적 점유가 된다는 법적 전제를 포함하는 것이며, 그 기대에서 비교적 법적 점유로 간주되는 것이다.

이와 같은 권리의 우위는 경험적 점유상태에서, 점유자의 이익으로(beati possidentes) 라는 규칙에 따라 도출되는 것이다. 점유자가 어떤 것을 적법하게 점유하고 있음을 증명할 필요가 없는 것은 (그것은 권리분쟁이 있는 경우에만 적용되기 때문이다) 그가 법적으로 정당한 사람이라는 추정을 받기 때문이 아니다. 각자에게는 실천이성의 요청에 따라 자유의지의 외적 대상을 자신의 것으로 소유할 수 있는 능력이 있고, 따라서 모든 소지는 그 적법성이 선행의지의 작용에 의하여 위 요청에 근거하고 있는 상태이며, 그 상태는 그에 반하는 그 대상에 대한 타인의 더 오랜 점유가 없는 한, 즉 잠정적으로, 외적 자유의 법칙에 따라 나와 함께 공적인 법적 자유의 상태로 이행하지 않는 모든 사람에게 그 대상의 사용을 단호하게 거부할 수 있는 상태이기 때문이다. 이것은 각자가 그 물건을 이성의 요청에 따라 사용하도록 하기 위한 것이며, 그렇지 않다면 그 물건은 실천적으로 폐기될 것이다.

제2장

외적인 것을 취득하는 방식

§ 10.

외적 취득의 보편적 원리

내가 어떤 것을 취득하는 것은 내가 어떤 것을 나의 것이 되게 만드는(efficio) 경우이다. – 근본적으로 나의 것은 법적 행위가 없더라도 나의 것인 외적인 것이다. 그러나 취득은 근본적으로 타인의 것으로부터 파생되지 않는 취득이다.

외적인 어떠한 것도 근본적으로 나의 것이 아니다. 시원적으로, 즉 어떤 타인의 것에서 도출하지 않고, 취득할 수 있는 외적인 것은 없기 때문이다. – 외적 대상의 점유는 근본적으로 공동적인 것일 수밖에 없음에도, 나의 것과 너의 것의 공유 상태(communio)는 근본적인 것으로 생각될 수 있는 것이 아니라, (외적인 법적 행위를 통하여) 취득되어야 하는 것이다. (문제의) 시원적 공유(communio mei et tui originaria)를 생각하는 경우에도 그것은 원시적 공유(communio primaeva)와 구별되어야 한다. 원시적 공유는 사람들 사이의 초기의 권리관계에서 창설된 것으로 인정되지만, 시원적 공유처럼 원리에 기초한 것이 아니라 오로지 역사에 기초한 것이다. 그러나 여기에서 원시적 공유는 언제나 파생적 취득(communio derivativa)으로 이해되어야 한다.

외적 취득의 원리는 다음과 같다. 내가 (외적 자유의 법칙에 따라) 지배하는 것, 내가 나의 자유의지의 대상으로서 (실천이성의 요청에 따라) 사용할 수 있는 것, 끝으로 내가 (가능한 결합된 의지의 이념에 따라) 나의 것으로 하려는 것, 그것이 나의 것이다.

따라서 시원적 취득의 요소(attendenda)는 다음과 같다. 1) 누구에게도 속하지 않는 대상의 파악. 그렇지 않다면 그것은 보편적 법칙에 따라 타인의 자유와 충돌할 것이다. 이 파악은 공간적, 시간적으로 자유의지의 대상을 점유하는 것이다. 따라서 내가 행하는 점유는 현상적 점유(possessio phaenomenon)이다. 2) 이 대상의 점유 및 다른 모든 사람에게 그 사용을 금지하는 나의 자유의지의 작용의 선언(declaratio). 3) (이념 속의) 외적인 보편적 입법 의지의 작용으로서의 동의(approbatio), 이를 통하여 각자는 나의 자유의지와 합치할 의무를 지게 된다. – 그 외적 대상은 나의 것이라는 결론, 즉 그 점유는 순수한 법적 점유(possessio noumenon, 예지적 점유)로서 유효하다는 결론은 취득의 마지막 요소의 타당성에 의거한다. 이 요소의 타당성의 근거는 다음과 같다. 이 모든 행위는 합법적인 것, 즉 실천이성에서 유래하는 것이고, 합법적인 것이 무엇인지의 문제에서는 점유의 경험적 조건들이 제거될 수 있으므로, 그 외적 대상은 나의 것이라는 결론은 감각적 점유에서 예지적 점유로 이행되는 것이 타당하다는 것이다.

자유의지의 외적 대상의 시원적 취득을 선점(occupatio)이라고 하는데, 이는 유형물(실체)에 대하여만 행해질 수 있다. 그러므로 선점이 행해지는 경우에 그것은 경험적 점유의 조건으로서, 어떤 물건을 선점하려고 하는 다른 모든 사람에 앞서는 시간적 우위를 필요로 한다 (qui prior tempore potior iure, 시간에서 선행하는 자가 권리에서 우선한다). 또한 그것은 시원적인 것으로서 일방적 자유의지의 결과이다. 선점에 쌍방적 자유의지가 필요하다면, 그것은 두 사람의 (또는 다수인의) 계약으로부터, 즉 타인의 것으로부터 파생되는 것이기 때문이다. – 이와 같은 자유의지의 행위가 어떻게 선점이 되고 어떤 사람을 위하여 그의 것을 정당화할 수 있는지는 쉽게 이해되지 않는다. – 그러나 최초의 취득이 곧 시원적 취득이 되는 것은 아니다. 모든 사람의 의지를 보편적 입법으로 결합하여 공적인 법적 상태를 취득하는 것은 어떠한 취득도 그에 선행할 수 없는 취득이지만, 각자의 특수한 의지로부터 파생되는 것이고 전면적인 것이기 때문이다. 시원적 취득은 일방적 의지로부터만 성립할 수 있는 것이다.

외적인 나의 것과 너의 것의 취득의 분류

1) 대상(객체)에 따르면, 내가 취득하는 것은 유형의 물건(실체)이거나 타인의 급부(인과관계) 내지 타인 자체, 즉 내가 그것을 처분(그를 매매)할 수 있는 권리를 취득하는 한 그의 상태이다.

2) 형식(취득방식)에 따르면, 그것은 물권(ius reale)이거나 대인적 권리(ius personale) 내지 타인을 물건으로서 (사용하는 것은 아니더라도) 점유하는 물권적 대인권(ius realiter personale)이다.

3) 취득의 권원(titulus)에 따르면, 이것은 본래 권리의 분류의 개별적 항목은 아니고 그 행사방식의 요소인데, 일방적 또는 쌍방적 또는 전면적 자유의지의 행위를 통하여 외적인 것을 (facto, pacto, lege; 사실에 의하여, 계약에 의하여, 법률에 의하여) 취득하는 것이다.

제1절

물권

§ 11.
물권이란 무엇인가?

물권(ius reale, ius in re)에 대한 일반적 설명, 즉 "물권은 물건의 모든 점유자에게 대항할 수 있는 권리이다"라는 설명은 올바른 명목적 정의이다. – 그러나 내가 어떤 외적 대상으로 인하여 그 대상의 모든 소지자에게 대항하고 그것을 다시 나에게 반환하도록 (per vindicationem, 반환청구에 의하여) 강제할 수 있는 것은 무엇 때문인가? 이와 같은 나의 자유의지의 외적인 법적 관계는 유형물과의 직접적 관계인가? 자신의 권리를 직접적인 대인적 권리가 아니라 대물적 권리로 이해하는 자는 물론 (애매하지만) 다음과 같이 생각할 것이다. 즉 일방의 권리에는 타방의 의무가 상응하기 때문에 외적 물건은, 최초 점유자가 그것을 분실하더라도, 최초 점유자에 대하여 의무를 진다고 생각할 것이다. 따라서 그 물건은 이미 최초 점유자에게 구속되어 있으므로 다른 모든 참칭 점유자를 거부하고, 또한 나의 권리는 그 물건을 따라다니면서 외부의 모든 공격으로부터 보호하는 수호신처럼 다른 점유자에게 언제나 나를 가리킨다고 생각할 것이다. 그러나 법적 관계를 이와 같은 비유를 통하여 구체화하고 표현하는 것은 허용될 수 있겠지만, 물건에 대한 사람의 의무와 사람에 대한 물건의 의무를 상정하는 것은 불합리하다.

따라서 실질적 정의는 다음과 같아야 한다. 물권은 내가 다른 모든 사람과 함께 (시원적이든 창설적이든) 총유하는 물건을 개인적으로 사용할 수 있는 권리이다. 이와 같은 총유를 전제하지 않는다면 그 물건을 점유하지 않는 내가 어떻게 그것을 점유하고 사용하는 타인에 의하여 침해될 수 있는지 생각할 수 없으므로, 이와 같은 총유는 내가 다른 모든 점유자를 그 물건의 사적 사용으로부터 배제하는 것이 성립할 수 있는 유일한 조건이기 때문이다 (ius contra quemlibet huius rei possessorem, 그 물건의 어떤 점유자에게도 대항할 수 있는 권리). – 나는 일방적 자유의지를 통하여 타인에게, 그렇지 않다면 그가 지지 않을 의무, 즉 물건을 사용하지 않을 의무를 부과할 수 없다. 따라서 그것은 총유에서 모든 사람의 결합된 자유의지를 통하여만 가능하다. 그렇지 않다면 나는 물권을 마치 물건이 나에 대하여 의무를 지는 것처럼 생각하고, 이로부터 비로소 그 물건의 모든 점유자에 대한 권리를 도출하여야 할 것이다. 그러나 이것은 불합리한 사고방식이다.

또한 물권(ius reale)이라는 말은 물건에 대한 권리(ius in re)만이 아니라, 나의 물건과 너의 물건에 관한 모든 법칙의 총체로 이해되기도 한다. - 그러나 지상에 홀로 존재하는 사람은 원래 외적인 것을 그의 것으로 소유하거나 취득할 수 없음이 명백하다. 사람으로서의 그와 물건으로서의 다른 모든 외적인 것 사이에는 어떠한 의무관계도 존재하지 않기 때문이다. 따라서 엄밀하게 문자대로 이해한다면, 물건에 대한 (직접적) 권리도 존재하지 않는다. 어떤 사람이, 다른 모든 사람과 함께 (시민적 상태에서) 공동점유하고 있는 사람에 대하여 가지는 권리만이 물권이다.

§ 12.

최초의 물건 취득은 토지 취득일 수밖에 없다

토지(이것은 거주 가능한 모든 땅을 의미한다)는 그 위의 모든 동산과의 관계에서 주물Substanz이지만, 동산의 존재는 부속물Inhärenz일 뿐이다. 따라서 이론적 의미에서 종물Accidenzen은 주물을 벗어나 존재할 수 없는 것처럼, 실천적 의미에서 지상의 동산은, 그 사람이 이미 그것을 정당하게 점유하고 있는 것으로 (그의 동산으로)

인정되지 않는다면, 어떤 사람의 그의 것이 될 수 없다.

토지가 어느 누구에게도 속하지 않는다면, 내가 토지 자체를 차지하기 위하여 그 위에 있는 모든 동산을 그것이 완전히 없어질 때까지 그 장소에서 밀어내더라도, 이로 인하여 지금 그 토지의 소지자가 아닌 그 어떤 타인의 자유도 침해되지 않기 때문이다. 그러나 수목, 가옥 등 파괴될 수 있는 모든 것은 (적어도 그 대상에 따를 때) 동산이고, 그 형태의 파괴 없이는 이동될 수 없는 물건이 부동산이라면, 동산에 대한 나의 것과 너의 것은 주물에 대한 것이 아니라 물건 자체가 아닌 그 부속물에 대한 것이다.

§ 13.

모든 토지는 시원적으로 취득될 수 있고, 이 취득 가능성의 근거는 시원적 토지공유이다

전자에 관한 한, 이 명제는 실천이성의 요청(§ 2)에 근거한 것이다. 후자는 다음과 같은 증명에 근거한다.

모든 인간은 시원적으로 (즉 자유의지의 모든 법적 행위에 앞서) 토지를 적법하게 점유한다. 즉 모든 인간은 자연 또는 우연이 (그들의 의지와 관계없이) 정해준 곳에서 존재할 권리를 가진다. 자유의지에 의하여 취득된 계속적 점유로서의 거주(sedes)와 구별되는 이 점유(possessio)는 구면인 지면 위에 있는 모든 장소의 통일성으로 인하여 공동점유가 된다. 지면이 무한한 평면이라면 사람들은 공동체를 구성하지 않고 흩어져 살 수 있기 때문이다. 즉 공동체는 지상에서의 인간의 존재로부터 도출되는 필연적 결과가 아니기 때문이다. – 인간의 모든 법적 행위에 선행하는 (자연 자체에 의하여 창설되는), 지상의 모든 인간의 점유는 시원적 총유(communio possessionis originaria)이다. 그 개념은, 예컨대 허구적이지만 증명될 수 없는 원시적 총유(communio primaeva)의 개념처럼, 경험적인 것도 아니고 시간적 조건에 의존하는 것도 아니다. 그것은 오히려 인간이 지상의 장소를 법원칙Rechtsgesetzen에 따라 사용할 수 있게 해주는 원리를 선험적으로 포함하고 있는 실천적 이성개념이다.

§ 14.
이와 같은 취득의 법적 행위는 선점(occupatio)이다

점유Besitznehmung(apprehensio), 즉 공간적 유형물에 대한 소지의 시작(possessionis physicae, 물리적 점유)은 시간적 우선의 조건하에서만, 즉 자유의지의 행위인 최초의 점유(prior apprehensio)로서만 각자의 외적 자유의 법칙과 (따라서 선험적으로) 합치한다. 그러나 그 물건을 (따라서 지상의 특정 구획 장소도) 나의 것으로 한다는 의지, 즉 영득 Zueignung(appropriatio)은 시원적 취득에서 일방적인 것(voluntas unilateralis s. propria, 일방적 의지 내지 본인의 의지)일 수밖에 없다. 일방적 의지에 의한 자유의지의 외적 대상의 취득은 선점이다. 그러므로 외적 대상의 시원적 취득은, 따라서 구획된 토지의 시원적 취득도 선점(occupatio)에 의하여만 행해질 수 있다.

이와 같은 방식으로 취득할 수 있는 가능성은 어떤 방식으로 이해될 수 있거나 근거를 통하여 설명될 수 있는 것이 아니고, 실천이성의 요청으로부터 도출되는 직접적 결과이다. 그러나 그 의지는, 그것이 선험적으로 결합된 (즉 실천적 상호관계로 이행할 수 있는 모든 사람의 자유의지의 결합에 의한) 절대적 명령의지에 포함되어 있는 한에서만, 외적 취득을 정당화할 수 있다. 일방적 의지는 (쌍방적 의지와 특수한 의지도 이에 해당한다) 모든 사람에게 그 자체가 우연적인 의무를 부과할 수 없고, 이를 위하여는 전면적 의지, 우연적으로 결합된 것이 아니라 선험적으로 결합된, 따라서 필연적으로 결합된 의지 및 입법적 의지가 요구되기 때문이다. 그 의지의 이와 같은 원리에 따라서만 각자의 자유로운 자유의지와 모든 사람의 자유의 일치, 즉 권리가 가능하고, 외적인 나의 것과 너의 것도 가능하기 때문이다.

§ 15.

시민적 체제에서만 어떤 것을 확정적으로 취득할 수 있고, 자연상태에서는 취득하더라도 잠정적으로만 취득할 수 있다

시민적 체제의 현실은 주관적으로 우연적인 것이지만, 시민적 체제는 객관적으로, 즉 의무로서 필연적인 것이다. 따라서 시민적 체제와 그 창설에 관하여는 모든 외적 취득을 지배하는 자연의 진정한 법원칙이 있다.

취득의 경험적 권원은 토지의 시원적 공유에 기초한 물리적 점유(apprehensio physica)였는데, 현상적 점유만이 권리의 이성개념에 따른 점유에 복속될 수 있으므로, 경험적 권원에 상응하는 것은 (공간과 시간의 모든 경험적 조건이 제거된) 예지적 점유의 권원일 수밖에 없고, 물리적 점유는 "내가 외적 자유의 법칙에 따라 지배하고 나의 것으로 하려는 것, 그것이 나의 것이 된다"는 명제의 근거가 된다.

그러나 취득의 이성적 권원은, 여기에서 불가결한 조건(conditio sine qua non)으로서 묵시적으로 전제되고 있는, 선험적으로 결합된 (필연적으로 결합되는) 만인의 의지의 이념에만 존재할 수 있다. 일방적 의지를 통하여 타인에게, 그렇지 않다면 그들이 지지 않을 의무를 부과하는 것은 불가능하기 때문이다. - 그러나 입법을 위하여 실제로 결합된 보편적 의지의 상태는 시민적 상태이다. 그러므로 외적인 것의 시원적 취득은 시민적 상태의 이념과 합치할 때에만, 즉 시민적 상태 및 그 실현의 관점에서만, 그러나 시민적 상태가 실현되기 전에만 (그렇지 않다면 취득은 파생적인 것이 되기 때문이다), 따라서 잠정적으로만 가능하다. – 확정적 취득은 시민적 상태에서만 발생한다.

그러나 이 잠정적 취득은 진정한 취득이다. 법적–실천적 이성의 요청에 의하면 진정한 취득의 가능성은, 사람들이 어떠한 상태에서 공존하든, (따라서 자연상태에서도) 사법의 원리Princip des Privatrechts이다. 이에 따라 각자는, 자연상태에서 벗어나 시민적 상태로, 즉 모든 취득을 확정적인 것으로 만들 수 있는 상태로 이행할 것을 강제할 수 있다. 이와 같은 이행은 강제를 통하여만 가능하기 때문이다.

> 다음과 같은 질문이 있다: 토지를 점유할 수 있는 권능은 어디까지 미치는가? 토지를 지배할 수 있는 능력이 미치는 범위, 즉 토지를 영득하려는 자가 토지를 방어할 수 있는 범위까지이다. 이것은 마치 토지가 다음과 같이 말하는 것과 같다: 너희가 나를 보호할 수 없다면, 너희는 나에게 명령도 할 수 없다. 그러므로 공해인지 영해인지에 관한 논쟁도 이에 따라 해결되어야 할 것이다. 예컨대 대포의 사정거리 이내에서는 어느 누구도 어떤 국가의 연안에서 어로, 해저에서 호박 채취

하기 등의 행위를 할 수 없다. – 두 번째 질문: 토지의 취득을 위하여 토지의 가공(건축, 경작, 배수 등)이 필요한가? 그렇지 않다! (상술한) 이 형식들은 종물일 뿐이므로 직접점유의 대상이 되지 않고, 주물이 이미 주체의 것으로 인정되고 있는 한에서만 주체의 점유에 속할 수 있기 때문이다. 가공은 최초 취득의 문제에서 점유의 대외적 표시에 지나지 않는다. 이 표시는 노력이 덜 드는 다른 많은 표시로 대체될 수 있다. – 세 번째 질문: 어떤 사람이 다른 사람의 점유행위를 방해하여 두 사람 중 어느 누구도 우선권을 갖지 못하게, 따라서 토지가 언제나 어느 누구에게도 속하지 않는 무주물로 남게 할 수 있는가? 그와 같은 방해는 전혀 일어날 수 없다. 이를 행할 수 있기 위하여는 타인도 어떤 인접 토지에 머물고 있어야 하는데, 그가 거기에 있는 것도 방해받을 수 있으므로, 절대적 방해는 모순이기 때문이다. 그러나 어떤 (중간에 있는) 토지의 경우에는 두 이웃 사람을 분리하기 위하여 이를 사용하지 않고 중립적인 것으로 두는 것도 선점권과 공존할 수 있다. 그렇다면 이 토지는 실제로 두 사람의 공유에 속하는 것이고, 두 사람에 의하여 상호 분리용으로 사용되고 있으므로 무주물(res nullius)이 아니다. – 네 번째 질문: 그 어떤 부분도 어떤 사람의 그의 것이 아닌 토지에서 어떤 물건을 그의 것으로 소유하는 것이 가능한가? 그렇다. 몽골에서 모든 사람이 그의 짐을 그대로 두고 떠나거나 그의 말이 달아나더라도 그것을 그의 것으로 점유할 수 있는 것과 같다. 모든 토지가 국민의 것이므로, 각 개인은 그것을 사용할 수 있기 때문이다. 그러나 어떤 사람이 타인의 토지에 있는 동산을 자신의 것으로 소유하는 것은 가능하지만, 그것은 계약에 의하여만 가능하다. – 다섯 번째 질문은 다음과 같다: 예컨대 수렵민족이 유목민족 또는 농경민족에게 하거나 농경민족이 이주민족 등에게 하듯이, 두 이웃 민족(또는 가족)은 일정한 토지사용방식을 인정하는 것에 대하여 서로 반대할 수 있는가? 물론이다. 그들이 지상에 정주하는 방식은, 그들이 그들의 경계 안에 머무르는 한, 순수한 재량사항(res merae facultatis)이기 때문이다.

끝으로, 다음과 같은 문제가 제기될 수도 있다. 즉 우리가 자연이나 우연에 의하여가 아니라 우리 자신의 의지로 어떤 민족과 이웃하게 되지만 그 민족과의 시민적 결합을 기대할 수 없다면, 우리는 시민적 결합을 창설하고 (예컨대 아메리카 야만족, 호텐토트족, 오스트레일리아족과 같은) 이 사람들(야만족)을 법적 상태로 이행시키기 위하여 강제로 또는 (그보다 더 낫지도 않은) 사기적 매매를 통하여 식민지를 건설하고 그 토지의 소유자가 되어 그들의 최초 점유를 무시하고 우리의 우위를 이용할 수 있는 것 아닌지의 문제가 제기될 수도 있다. 이는 (텅 빈 것을 싫어하는) 자연 자체가 요구하는 것이고, 그렇지 않다면 주민들이 개화되어 있는 다른 대륙의 광대한 지역들은, 지금은 인구가 매우 많지만, 사람이 살지 않는 곳으로 남아 있었을 것이고, 심지어 영원히 그렇게 남아 있어야 할 것이며, 따라서 창조의 목적은 수포로 돌아가게 될 것이기 때문이다. 그러나 선한 목적을 위하여 모든 수단을 허용하는 이 불의의 면사포Schleier der Ungerechtigkeit(예수회주의Jesuitism)를 간파하는 것은 어렵지 않다. 그러므로 이와 같은 방식의 토지 취득은 비난받아 마땅하다.

취득 가능한 외적 대상의 양과 질의 불명확성은 이와 같은 (유일한 시원적 외적 취득의) 과제를 모든 과제 중에서 가장 해결하기 어려운 과제로 만든다. 그럼에도 불구하고 그 어떤 외적인 것의 시원적 취득은 존재하여야 한다. 모든 취득이 파생적인 것일 수는 없기 때문이다. 따라서 우리는 이 과제를 해결할 수 없는 것으로 포기하거나 그 자체가 불가능한 것으로 포기할 수도 없다. 그러나 이 과제가 시원적 계약에 의하여 해결되더라도, 이 계약이 전 인류에게 확대되지 않는다면, 취득은 언제나 잠정적인 것에 지나지 않을 것이다.

§ 16.

토지의 시원적 취득 개념의 해명

모든 인간은 그것을 사용하려는 (각자의) 자연적 의지를 가지고 시원적으로 전 지구의 토지를 총유(communio fundi originaria, 시원적 토지공유)한다 (lex iusti). 이 의지는, 한 사람의 자유의지와 타인의 자유의지의 불가피한 자연적 대립으로 인하여, 전자가 동시에 후자를 위하여 공동의 토지에서 각자의 특별점유를 결정할 수 있는 법칙을 포함하지 않는다면, 그 토지의 모든 사용을 폐지하게 될 것이다 (lex iuridica). 그러나 토지에 대한 각자의 나의 것과 너의 것을 분배하는 법칙은, 외적 자유의 공리Axiom der äußeren Freiheit에 따라, (그와 같은 결합을 위하여 어떠한 법적 행위도 전제하지 않는) 시원적, 선험적으로 결합된 의지로부터만, 즉 시민적 상태에서만 발생할 수 있다 (lex iustitiae distributivae). 이 의지만이 무엇이 정당한 것인지, 무엇이 적법한 것인지, 무엇이 법으로 규정된 것인지was recht, was rechtlich und was Rechtens ist를 결정한다. – 그러나 이 상태에서, 즉 창설 전에 그 상태를 의도하여, 즉 잠정적으로, 외적 취득의 법칙에 따라 행동하는 것은 의무이며, 각자에게 점유 및 영득 행위를, 이것이 일방적인 것이더라도, 타당한 것으로 승인할 의무를 부과할 수 있는 의지의 법적 능력이기도 하다. 그러므로 그 모든 법적 효과를 가지는 토지의 잠정적 취득은 가능하다.

그러나 이와 같은 취득은 법적-가능한 점유의 한계를 결정하기 위하여 법칙의 허가(lex permissiva)를 필요로 하고 또한 이를 받기도 한다. 그 취득은 법적 상태에 선행하는 것이고, 단순히 그것을 준비하는 것으로서 아직 확정적인 것이 아니기 때문이다. 그러나 그 법칙의 허가는 법적 상태의 창설에 대한 타인(참여자)의 동의가 있을 때까지만 미치고, 그들이 이 (시민적) 상태로 이행하는 것에 반대하는 경우에는 그 반대가 계속되는 한 적법한 취득의 모든 효과를 가진다. 이와 같은 결과는 의무에 근거한 것이기 때문이다.

§ 17.
시원적 취득 개념의 연역

우리는 취득의 권원을 토지의 시원적 공유, 즉 외적 점유의 공간적 조건에서 찾았지만, 취득방식은 외적 대상을 자신의 것으로 소유하려는 의지와 결합되어 있는, 점유(apprehensio)의 경험적 조건에서 찾았다. 이제 하여야 할 것은 취득 자체, 즉 위 두 가지 요소로부터 도출되는 외적인 나의 것과 너의 것, 즉 대상의 예지적 점유(possessio noumenon)를 이 개념이 포함하고 있는 것에 따라 순수한 법-실천적 이성의 원리로부터 전개하는 것이다.

그 물건이 주물Substanz인 한, 외적인 나의 것과 너의 것의 법적 개념에서 나의 외부에außer mir라는 말은 내가 있는 곳과 다른 장소를 의미하는 것이 아니다. 그 개념은 이성개념이기 때문이다. 이 개념은, 여기에는 순수한 오성개념만이 포섭될 수 있으므로, 나와 구별되는 것 및 비경험적 점유(예컨대 계속적 점유)의 개념만을 의미한다. 즉 이 개념은 순수한 오성개념인, 외적 대상에 대한 나의 지배와 소유(사용 가능성의 주관적 조건으로서의 나와 대상의 결합)의 개념만을 의미한다. 그러므로 어떠한 의무도 지지 않는 대상과 사람의 관계로서의 점유에서 이와 같은 감각적 조건들이 제거 또는 배제(추상화)된다면, 그 점유는 사람과 사람의 관계에 지나지 않는다. 이 관계는 점유자의 의지에 의하여, 그 의지가 외적 자유의 공리, 능력의 요청 및 선험적으로 결합된 것으로 상정되는 의지의 보편적 입법에 부합하는 한, 모든 사람에게 물건의 사용에 관하여 의무를 부과하는 관계이다. 그러므로 이와 같은 관계는, 대상(내가 점유하고 있는 물건)이 감각적 대상이더라도, 물건의 예지적 점유, 즉 순수한 법에 의한 점유이다.

토지에 대한 최초의 가공, 구획, 기타 조형은 토지 취득의 권원이 될 수 없다는 점, 즉 종물의 점유는 주물에 대한 법적 점유의 근거가 될 수 없고, 오히려 역으로, 나의 것과 너의 것은 (accessorium sequitur suum principale, 종물은 주물의 산물이라는) 원칙에 따라 주물에 대한 소유권으로부터 도출되어야 한다는 점, 자신의 것도 아닌 토지에서 부지런히 일하는 자는 그에 반하여 자신의 노력과 노동을 허비한 것이라는 점은 그 자체로서 매우 명확하다. 따라서 전술한 바와 같은 전통적 통설은 물건을 인격화하고, 마치 어떤 사람이 물건에 투입한 노동을 통하여 그 물건에게 자신 외에 어느 누구에게도 봉사하지 않을 의무를 부과할 수 있는 것처럼, 물건에 대한 직접적 권리를 상정하는 은밀한 기만에 근거한 것으로 볼 수밖에 없다. 사람들이 "물건에 대한 권리가 어떻게 가능한가?"라는 (전술한 바와 같은) 당연한 의문을 그렇게 가볍게 지나치지는 않았을 것이기 때문이다. 물건의 모든 점유자에게 대항할 수 있는 권리는, 개별적 자유의지besondere Willkür가 종합적-보편적 의지에 포함되어 있고 이 종합적-보편적 의지의 법칙과 일치하는 것으로 생각될 수 있는 한, 대상을 사용할 수 있는 개별적 자유의지의 권능을 의미할 뿐이기 때문이다.

나의 토지에 있는 물체는, 그것이 다른 사람의 것이 아니라면, 내가 이를 목적으로 특별한 법적 행위를 할 필요도 없이, 나에게 속한다 (facto, 사실에 의하여가 아니라 lege, 법칙에 의하여). 즉 그것은 주물에 부속되어 있는 종물로 간주될 수 있기 때문이다 (iure rei meae, 법률상 나의 것). 나의 물건과 결합되어 있어서 나의 것 자체를 변화시키지 않고는 다른 사람이 나의 것으로부터 분리할 수 없는 것도 모두 이에 속한다 (예컨대 도금, 나의 재료와 다른 재료의 혼합물, 충적토 또는 인접 하상의 변화와 이로 인하여 발생하는 나의 토지의 확장 등). 취득 가능한 토지가 육지를 넘어, 즉 해저지역(나의 해변에서 어로 또는 호박 채취 등의 행위를 할 수 있는 권리)으로도, 확장될 수 있는지 여부도 이와 같은 원칙에 따라 판단되어야 한다. 나의 거처에서 타인의 침해로부터 나의 토지를 수호할 수 있는 기계적 능력이 미치는 한 (예컨대 해변에서 포탄이 착탄하는 거리까지), 토지는 나의 점유에 속하고, 바다는 거기까지 영해가 된다 (mare clausum, 영해). 그러나 망망대해에는 거처가 있을 수 없으므로, 점유도 거기까지 확장될 수 없고, 공해는 자유지역이다 (mare liberum, 공해). 그러나 표착은, 사람의 표착이든 사람에 속한 물건의 표착이든, 고의적인 것이 아니므로 해변 소유자의 취득권에 속할 수 없다. 그것은 침해가 아니고 (결코 소행 Factum이 아니고), 그 어떤 사람의 토지에 표착한 물건은 무주물 res nullius로 취급될 수 없기 때문이다. 이에 반하여 강은, 강변의 점유가 미치는 한, 모든 대지와 마찬가지로 전술한 바와 같은 제한하에서 양안을 모두 점유하는 자에 의하여 시원적으로 취득될 수 있다.

*　　　*

주물에 따라 어떤 사람의 그의 것이 되는 외적 대상은 그의 소유물(dominium)이고, 여기에는 (종물의 주물과 같이) 이 물건에 대한 모든 권리가 부속되고, 소유자(dominus)는 그 모든 권리를 임의로 처분할 수 있다 (ius disponendi de re sua, 자신의 물건에 대한 처분권). 그러나 이로부터 당연히 다음과 같은 결론이 도출된다: (그에 대하여 사람이 의무를 지지 않는) 유형물만이 그와 같은 대상이 될 수 있다. 따라서 사람은 그 자신의 주인Herr(sui iuris)은 될 수 있지만, (자신을 임의로 처분할 수 있는) 그 자신의 소유자(sui dominus)는 될 수 없다. 사람이 다른 사람의 소유자가 될 수 없음은 말할 것도 없다. 사람은 그 자신의 인격 속에 있는 인간성에 대하여 책임을 지기 때문이다. 이 점은 사람의 권리에 속하지 않고 인간성의 권리에 속하는 것으로서 여기에 적합하지 않지만, 조금 전에 서술한 것에 대한 이해를 돕기 위하여 부수적으로 언급하는 것이다. – 또한 이른바 공동소유자(condomini) 중 한 사람에게는 사용 없는 점유만이 인정되고, 다른 사람에게는 점유와 함께 물건의 모든 사용이 인정된다면, 즉 전자(dominus directus, 직접소유자)가 후자(dominus utilis, 용익소유자)의 계속적 급부만을 조건으로 그의 사용을 제한하지 않는다면, 하나의 물건에 대하여 두 명의 완전한 소유자가, 공동의 나의 것과 너의 것 없이, 한 사람에게만 그의 것으로 속하는 것의 공동점유자로서 존재할 수 있다.

제2절

대인적 권리

§ 18.

타인의 자유의지의 점유, 즉 나의 자유의지에 의하여 자유의 법칙에 따라 타인의 자유의지에 대하여 일정한 행위를 하도록 규정할 수 있는 능력(타인의 인과관계에 관한 외적인 나의 것과 너의 것)은 권리이다 (이와 같이 나는 이 사람에 대하여 또는 다른 사람들에 대하여 다수의 권리를 가질 수 있다). 그러나 내가 이와 같이 점유할 수 있게 하는 법칙들의 총체(체계)는 단 하나인 대인적 권리이다.

대인적 권리의 취득은 시원적이거나 독단적일 수 없다 (이와 같은 취득은 나의 자유의지의 자유와 각자의 자유의 일치의 원리에 부합하지 않고, 따라서 불법Unrecht이기 때문이다). 이와 마찬가지로 나는 타인의 위법행위

(facto iniusto alterius)를 통하여도 취득할 수 없다. 이와 같은 침해가 나 자신에게 발생하여 내가 타인에게 정당하게 배상을 청구할 수 있더라도, 이로 인하여 나의 것은 감소되지 않고 유지될 뿐이고, 내가 이미 가지고 있는 것보다 더 많은 것이 취득되는 것은 아니기 때문이다.

따라서 내가 법원칙에 따라 규정하는 타인의 행위를 통한 취득은 언제나 타인의 것으로부터 파생되는 것이다. 법적 작용으로서의 이와 같은 파생적 취득은 방기 또는 자신의 것의 포기와 같은 소극적인 법적 작용에 의하여는 (per derelictionem aut renunciationem) 성립할 수 없다. 이에 의하여는 어떤 사람 또는 다른 사람의 것만이 포기되고, 취득되는 것은 없기 때문이다. – 파생적 취득은 이전(translatio)에 의하여만 성립할 수 있고, 이전은 공동의지를 통하여만 가능하다. 공동의지를 통하여 대상은 언제나 어떤 사람 또는 다른 사람에 의하여 지배되는데, 한 사람이 이 공유지분을 포기하면 그 지분의 취득(즉 자유의지의 적극적 작용)에 의하여 그 대상은 자신의 것이 된다. – 자신의 소유권을 다른 사람에게 이전하는 것은 양도Veräußerung이다. 어떤 사람의 것을 다른 사람에게 이전하는 두 사람의 결합된 자유의지의 작용은 계약Vertrag이다.

§ 19.

모든 계약에는 자유의지의 법적 행위인 두 개의 준비행위와 두 개의 구성행위가 있다. 전자(협의)의 두 개는 제의(oblatio)와 그에 대한 동의(approbatio)이다. 후자(즉 체결)의 두 개는 청약(promissum)과 승낙(acceptatio)이다. – 제의는 그것(oblatum)이 승낙자에게 적합한 것인지를 내가 판단하기 전에는 청약이라고 말할 수 없기 때문이다. 청약은 전자의 두 개의 의사표시를 통하여 예시되지만, 이것들만으로는 아직 아무것도 취득되지 않는다.

그러나 청약자 또는 (인수인으로서의) 승낙자의 특별한 의지에 의하여가 아니라, 양자의 결합된 의지에 의하여만, 즉 두 개의 의지가 동시에 표시되는 경우에만 청약자의 것이 승낙자에게 이전된다. 그러나 이것은, 시간적으로 연속될 수밖에 없고 결코 동시에 존재하지 않는, 의사표시의 경험적 행위에 의하여는 불가능하다. 내가 청약한 후 다른 사람이 승낙하기 전이라면, 나는 승낙 전에는 여전히 자유로우므로 그 사이에 (그 시간이 짧더라도) 그것을 후회할 수 있기 때문이다. 이와 마찬가지로 승낙자도 청약에 대한 자신의 의사표시에 기속되지 않는다고 여길 수 있다. – 계약 체결 시의 외적 의식(solennia) [악수, 또는 두 사람의 지푸라기(stipula) 꺾기] 및 도처에서 행해지고 있는 자신의 의사표시에 대한 모든 증명방식은 오히려 계약체결자들의 곤경을 증명한다. 언제나 연속적일 수밖에 없는 의사표시를 그들이 어떻게 어떠한 방식으로 한 순간에 동시에 존재하는 것으로 표현하려고 하든, 그것은 성공할 수 없다. 그것은 언제나 시간적으로 연속될 수밖에 없는 행위들이므로, 어떤 행위가 존재한다면 다른 행위는 아직 존재하지 않거나 더 이상 존재하지 않기 때문이다.

그러나 계약에 의한 취득 개념의 선험적 연역은 이 모든 문제를 해결할 수 있다. 법적 외적 관계에서 타인의 자유의지에 대한 나의 점유는 (그 역도 마찬가지다), 타인에게 어떤 행위를 하도록 규정할 수 있는 근거로서, 우선 두 개의 법적 행위가 언제나 연속적으로 행해지는 시간, 즉 점유의 감각적 조건 속에서 두 사람 각자의 자유의지의 의사표시와 그에 대한 의사표시에 의하여 경험적으로 사유된다. 그러나 이 관계는 (법적 관계로서) 순수하게 정신적인 것이므로, 이 점유는 예지적 점유(possessio noumenon)로서 입법적 이성능력으로서의 의지에 의하여 자유의 개념에 따라 그 경험적 조건으로부터 추상화되어 나의 것 또는 너의 것으로 표상된다. 여기에서 청약과 승낙의 두 행위는 연속적으로 행해지는 것이 아니라 (요물계약pactum re initum처럼) 하나의 공동의지로부터 발생하는 것으로 (이것은 동시에zugleich라는 말로 표현된다) 표상되고, 그 대상(promissum, 계약물)은 순수한 실천이성의 법칙에 따라 경험적 조건이 제거됨으로써 취득된 것으로 표상된다.

이것이 계약에 의한 취득 개념의 진정한, 유일하게 가능한 연역이라는 점은, 그 가능성을 증명하기 위한 법학자들의 (예컨대 "예루살렘Jerusalem"에서 모제스 멘델스존Moses Mendelssohn의) 각고의, 무익한 노력을 통하여 충분히 입증된다. – 그 물음은 다음과 같은 것이었다: 나는 왜 나의 약속을 지켜야 하는가? 내가 약속을 지켜야 한다는 것은 모든 사람이 당연하게 이해하는 것이기 때문이다. 그러나 이 정언명령을 증명하는 것은 불가능하다. 그것은, 내가 삼각형을 만들기 위하여는 세 개의 선을 이용하여야 하지만 (분석적 명제ein analytischer Satz), 그 중 두 선을 연결한 것은 나머지 선보다 길어야 한다는 것을 (종합적 명제ein synthetischer; 그러나 두 명제는 모두 선험적인 것이다) 이성적 추론에 의하여 증명하는 것이 기하학자에게 불가능한 것과 같다. 그것은 순수한 (법적 개념에 관한 한, 공간과 시간의 모든 감각적 조건을 추상화하는) 이성의 요청이고, 그로 인하여 그 점유가 폐지되는 것도 아닌데, 이와 같은 조건의 추상화 가능성 이론이 바로 계약에 의한 취득 개념의 연역이다. 이것은 외적 물건의 선점에 의한 취득 이론이라는 제목에서 이미 서술한 바와 같다.

§ 20.

그러나 내가 계약에 의하여 취득하는 외적인 것은 무엇인가? 그것은 나에게 약정된 급부에 관한 타인의 자유의지의 인과관계일 뿐이다. 그러므로 나는 이에 의하여 직접 외적 물건을 취득하는 것이 아니라, 그의 행위를 취득하는 것이다. 이를 통하여 나는 그 물건을 지배하게 되고, 이로써 그것을 나의 것으로 만드는 것이다. – 따라서 계약을 통하여 나는 타인의 약정을 취득하고 (약정된 것이 아니다), 어떤 것이 나의 외적 소유에 부가되는 것이다. 즉 나는 타인의 자유와 능력에 대한 적극적 채권을 취득함으로써 더욱 부유해진(locupletior) 것이다. – 그러나 이와 같은 나의 권리는 대인적 권리, 즉 일정한 육체적 인간에 대한 권리, 정확히 말하면 나에게 어떤 것을 이행하는 그의 인과관계(그의 자유의지)에 영향을 미칠 수 있는 권리일 뿐이고, 도덕적 인간에 대한 물권은 아니다. 도덕적 인간은 선험적으로 결합된 만인의 자유의지의 이념에 지나지 않는다. 또한 이를 통하여 내가 취득할 수 있는 것은 물건의 모든 점유자에게 대항할 수 있는 권리일 뿐이다. 이것이 모든 물권의 본질이다.

계약에 의한 나의 것의 이전은 연속성의 법칙Gesetz der Stetigkeit(lex continui), 즉 대상의 점유는 이 행위 중에 한순간도 중단되지 않는다는 법칙에 따라 발생한다. 그렇지 않다면 나는 이 상태에서 대상을 점유자가 없는 것(res vacua)으로서, 따라서 시원적으로 취득하게 되는데, 이는 계약의 개념과 모순되기 때문이다. – 그러나 이 연속성으로부터 도출되는 결론은, 나의 것을 타인에게 이전하는 의지는 두 사람 (promittentis et acceptantis, 청약자와 승낙자) 중 한 사람의 특별한 의지가 아니라 그들의 결합된 의지라는 것이다. 따라서 청약자가 먼저 다른 사람의 이익을 위하여 그 점유를 방기하거나 (derelinquit) 그 권리를 포기하고 (renunciat), 다른 사람이 즉시 그것을 취득하는 방식으로 이전되는 것이 아니다. 그 역도 마찬가지다. 그러므로 이전은 대상이 순간적으로 두 사람에게 동시에 속하는 행위이다. 그것은 마치 던진 돌이 그리는 포물선 궤도의 정점에서 돌이 순간적으로 상승과 하강을 동시에 하는 것처럼 보이다가 상승운동에서 하강으로 이행하는 것과 같다.

§ 21.

물건은 계약에서 청약의 승낙(acceptatio)에 의하여 취득되지 않고, 약정된 것의 인도(traditio)에 의하여만 취득된다. 모든 청약은 급부에 관한 것이고, 약정된 것이 물건인 때에는 승낙자로 하여금 물건을 점유하게 하는 청약자의 행위, 즉 인도에 의하여만 급부가 이행될 수 있기 때문이다. 따라서 인도와 인수 전에는 이행이 발생하지 않는다. 즉 물건은 일방에서 타방으로 이전되지 않고, 따라서 후자에 의하여 취득되지 않는다. 그러므로 계약에서 발생하는 권리는 대인적 권리일 뿐이고 인도에 의하여만 물권이 되는 것이다.

> 인도가 직접 발생하는 계약(pactum re initum, 요물계약)은 체결과 이행 사이의 모든 시간을 배제하고, 일방의 것을 타방에게 인도하는 별도의 행위를 필요로 하지 않는다. 그러나 쌍방 간에 (특정 또는 불특정) 인도 시기가 약정되어 있는 때에는 다음과 같은 문제가 제기된다. 즉 물건은 인도 전에 이미 계약에 의하여 승낙자의 것이 되었고 승낙자의 권리는 물권인 것인지, 아니면 인도에 관한 특약이 추가되어야 하는지, 즉 단순한 승낙에 의한 권리는 대인적 권리일 뿐 인도를 통하여 비로소 물권이 되는 것인지의 문제가 제기된다. – 후술하는 바와 같이, 이것은 후자가 의미하는 것과 같다.
>
> 내가 어떤 물건, 예컨대 내가 취득하려고 하는 말에 관하여 계약을 체결하고 그것을 동시에 나의 마구간으로 가지고 가거나 기타 나의 물리적 점유에 둔다면, 그것은 (vi pacti re initi, 낙성계약의 효력에 의하여) 나의 것이고, 나의 권리는 물권이다. 그러나 내가 점유(apprehensio)하기 전에, 즉 점유의 변경이 있기 전에 이 물건이 누구의 물리적 점유(소지)에 해당하는지에 관하

여 매도인과 별도로 약정하지 않고 내가 그것을 매도인의 수중에 둔다면, 이 말은 아직 나의 것이 아니다. 또한 내가 취득하는 권리는 특정인, 즉 매도인에게, 그 말의 모든 임의적 사용 가능성의 주관적 조건으로서, 점유의 이전을 청구할(poscendi traditionem) 권리일 뿐이다. 즉 나의 권리는 매도인에게 약정의 이행(praestatio), 즉 물건의 점유를 나에게 이전할 것을 청구하는 대인적 권리에 지나지 않는다. 따라서 계약이 (요물계약pactum re initum으로서) 동시에 인도를 포함하지 않는다면, 즉 계약 체결과 취득된 것의 점유 사이에 시간적 간격이 있고, 내가 물건(말)을 가지러 가기로 하고 매도인은 이에 동의한다는 특약이 있다면, 내가 특약을 이루는 별도의 법적 행위, 즉 점유행위(actum possessorium)를 실행하지 않는 한, 나는 이 기간에 점유를 취득할 수 없다. 타인이 사용하는 물건을 매도인이 자신의 책임하에 보관한다는 것은 자명한 것이 아니다. 이를 위하여는, 일정한 시점까지는 양도인을 물건의 소유자로 하지만 (물건에 대하여 발생하는 모든 위험은 양도인이 부담한다) 양수인이 이 시점을 도과하여 지체하는 때에는 양도인이 양수인에게 물건을 인도한 것으로 간주할 수 있는 특약이 필요하다. 따라서 이와 같은 점유행위가 있기 전에 계약에 의하여 취득되는 것은 모두 대인적 권리에 지나지 않으며, 승낙자는 인도에 의하여만 외적 물건을 취득할 수 있다.

제3절

물권적 성격을 가지는 대인적 권리

§ 22.

이 권리는 외적 대상을 물건으로서 점유하고 그 대상을 사람으로서 사용하는 권리이다. – 이 권리에 따른 나의 것과 너의 것은 가정의 것이고, 이 상태에서의 관계는 자유로운 존재들freie Wesen의 공동체 관계이다. 이 존재들은 외적 자유의 원리(인과관계)에 따라 (한 존재의 인격이 다른 존재에게 미치는) 상호 영향을 통하여 (공동체 관계에 있는 사람들의) 전체의 구성원들의 사회를 형성한다. 이를 가정Hauswesen이라고 한다. – 이 상태의 취득방식과 이 상태에서의 취득방식은 독단적 행위에 의하여 (facto) 또는 단순한 계약에 의하여 (pacto) 발생하는 것이 아니라, 법칙에 의하여 (lege) 발생하는 것이다. 이것은 물권도 아니고, 단순한 대인적 권리도 아니며, 동시에 사람의 점유이기도 하므로, 모든 물권과 대인적 권리를 넘어서는 권리, 즉 우리 자신의 인격 속에 있는 인간성의 권리일 수밖에 없다. 이 법은 자연적 허용법칙을 결과로 하며, 이 법칙에 의하여 우리에게 그와 같은 취득이 가능한 것이다.

§ 23.

이 법칙에 따른 취득에는 그 대상에 따라 세 가지가 있다. 즉 남편이 아내를 취득하는 것, 부부가 자녀를 취득하는 것, 가족이 하인을 취득하는 것. – 취득 가능한 이 모든 것은 동시에 양도 불가능한 것이고, 이 대상의 점유자가 가지는 권리는 일신전속적 권리이다.

가정 사회의 법
제1부
부부의 권리

§ 24.

성교(commercium sexuale)는 한 사람이 다른 사람의 성기와 능력을 교호적으로 사용하는 것(usus membrorum et facultatum sexualium alterius)이고, 자연적 사용(이를 통하여 그와 닮은 것이 생길 수 있다)이거나 반자연적 사용이며, 반자연적 사용은 동성의 사람에 대한 사용이거나 인간과 다른 종의 동물에 대한 사용이다. 이와 같은 법칙 위반, 즉 형언할 수 없는 반자연적 죄악(crimina carnis contra naturam)은 우리 자신의 인격 속에 있는 인간성에 대한 침해로서 절대적 금지에 반하는 어떠한 제한과 예외를 통하여도 구제될 수 없는 것이다.

자연적 성교는 단순한 동물적 본성에 따르는 성교(vaga libido, venus volgivaga, fornicatio)이거나 법칙에 따르는 성교이다. – 후자는 혼인(matrimonium), 즉 평생 동안 성적 특성을 상호 점유하기 위한 두 이성의 결합이다. – 그 목적, 즉 자녀를 낳고 키우는 것은 언제나 자연의 목적일 수 있다. 자연은 이와 같은 목적을 위하여 양성에게 대향적 성향을 심어준 것이다. 그러나 혼인하는 사람이 이 목적을 추구하여야 한다는 것은 이와 같은 그의 결합의 적법성을 위하여 요구되는 것이 아니다. 그렇지 않다면 출산능력의 중단과 동시에 혼인은 자연히 해소될 것이기 때문이다.

더 자세히 말하자면, 양성의 성적 특성의 상호적 사용에 대한 욕망을 전제하더라도, 혼인계약은 임의적 계약이 아니라 인간성의 법칙das Gesetz der Menschheit에 의한 필연적 계약이다. 즉 남성과 여성이 그들의 성적 특성에 따라 서로 교호적으로 즐기려고 한다면, 그들은 반드시 혼인하여야 한다. 이것은 순수이성의 법원칙에 따라 필연적인 것이다.

§ 25.

한 성이 이성의 성기를 자연적으로 사용하는 것은 향유이기 때문이다. 이를 위하여 일방은 타방에게 몸을 허락한다. 이 행위에서는 인간 자체가 물건이 되는데, 이것은 그 자신의 인격에 있는 인간성의 권리와 모순된다. 이것은 한 사람이 다른 사람에 의하여 마치 물건처럼 취득되면서, 반대로 전자가 다시 후자를 취득한다는 유일한 조건에서만 가능하다. 그와 같은 방식으로 그들은 자기 자신을 되찾고 인격을 회복하기 때문이다. 그러나 사람은 절대적 통일체이므로 사람의 신체를 취득하는 것은 동시에 그 사람 전체를 취득하는 것이다. – 따라서 한 성이 이성의 향락을 위하여 몸을 주고받는 것은 혼인의 조건하에서 허용되는 것일 뿐만 아니라, 이 조건하에서만 가능한 것이기도 하다. 그러나 이 대인적 권리가 동시에 물권적 성격을 가지는 권리라는 것은 이에 근거한 것이다. 부부 중 일방이 떠나가거나 타인의 점유에 몸을 맡긴다면, 타방은 그를 언제나 무조건 마치 물건처럼 도로 데려와 지배할 수 있기 때문이다.

§ 26.

이와 같은 이유에서 부부의 관계는 서로 상호 점유하는 사람들의 점유 평등의 관계이다 (따라서 일부일처제에서만의 관계이다. 일부다처제 또는 일처다부제에서는 자신을 내주는 사람이 그를 완전히 소유하는 자의 일부분만을 얻게 되고, 따라서 단순한 물건이 되기 때문이다). 또한 그것은 재화의 점유 평등의 관계이기도 하다. 여기에서 그들은, 특약에 의하여만 가능하지만, 그들의 일부분의 사용을 포기할 수 있는 권능을 가진다.

위와 같은 이유에서 사실혼관계는 정당한 항구적 계약이 될 수 없다. 일회적 향락을 위하여 사람을 고용하는 것(pactum fornicationis)도 마찬가지다. 후자의 계약에 관한 한, 누구나 인정하듯이, 그 계약을 체결한 사람이 그것을 후회할 때에는 법적으로 그 약정을 이행할 의무를 지지 않기 때문이다. 이와 마찬가지로 전자의 계약, 즉 사실혼 계약도 (pactum turpe, 추태계약으로서) 취소 가능하다. 이것은 타인의 사용을 위하여 신체를 제공하는 계약(locatio conductio)이 되기 때문이다. 즉 사람의 신체의 불가분적 통일성으로 인하여 사람이 자기 자신을 물건으로서 타인의 자유의지에 제공하게 되기 때문이다. 따라서 일방은 언제든지 상대방과 체결한 계약을 취소할 수 있고, 상대방은 자신의 권리 침해를 이유로 항변할 수 없다. – 상대방에 대한 일방의 지배를 강화하기 위하여 쌍방의 신분의 불평등을 이용하는 정략결혼도 마찬가지다. 실제로 그것은 순수한 자연법에 따를 때 사실혼관계와 구별되지 않으며, 진정한 혼인이 아니기 때문이다. – 율법은 남편과 아내의 관계에 대하여 남편이 너의 주인(남편은 명령하는 자, 아내는 복종하는 자)이어야 한다고 말한다. 따라서 이것이 부부의 평등 자체와 모순되는지 여부가 문제될 수 있다. 이 지배가 가정의 공동이익을 실현함에 있어 아내의 능력에 대하여 인정되는 남편의 능력 및 이에 근거한 명령권의 자연적 우위에만 기초하고 있다면, 따라서 그것 자체가 목적을 위한 통일성과 동일성의 의무에서 도출될 수 있다면, 이것은 부부의 자연적 평등과 모순된다고 볼 수 없다.

§ 27.

혼인계약은 부부의 동침(copula carnalis)에 의하여만 이행된다. 육체적 결합의 금지를 밀약하거나 성불구를 일방 또는 쌍방이 의식하고 체결한 두 이성의 계약은 허위계약이고, 혼인은 성립하지 않는다. 따라서 이 계약은 쌍방 중 일방에 의하여 임의로 해제될 수 있다. 그러나 성불구가 그 후에 발생하면, 위 권리는 이 책임 없는 사유로 인하여 변경되지 않는다.

따라서 아내 또는 남편의 취득은 선행 계약 없이 사실에 의하여facto (동침에 의하여) 발생하는 것도 아니고, 계약에 의하여pacto (후속 동침 없는 단순한 혼인계약에 의하여) 발생하는 것도 아니며, 법칙에 의하여만lege, 즉 두 사람의 상호 점유에 의한 성적 결합의 의무로부터 나오는 법적 효과로서만 발생하는 것이다. 두 사람의 상호 점유는 성적 특성의 상호 사용에 의하여만 실현된다.

가정 사회의 법

제2부

부모의 권리

§ 28.

자기 자신에 대한, 즉 그 자신의 인격 속에 있는 인간성에 대한 인간의 의무에서 혼인에 의하여 물적 방식으로 서로 사람으로서 상호 취득할 양성의 권리(ius personale)가 발생한 것과 같이, 이 공동체의 생식으로부터 그 출산물에 대한 보존 및 부양 의무가 도출된다. 즉 자녀는 사람으로서 그와 동시에, 자기 자신을 보존할 수 있는 능력을 가질 때까지, 부모에 의하여 부양을 받을 시원적-선천적 (비승계적) 권리를 가진다. 즉 자녀는 이 권리를 법칙에 의하여(lege) 직접 가지게 되고, 이를 위하여 특별한 법적 행위가 필요한 것은 아니다.

출산된 것은 사람이고, 물리적 조작에 의한 자유 존재의 생산은 상상할 수 없는 것이므로,*) 생식행위를 우리가 사람을 그의 동의 없이 출산하고 독단적으로 이 세상에 데리고 온 것으로 보는 것은 실천적 관점에서 매우 정당하고도 필요한 이념이며, 이 행위에 대하여 부모에게는, 그들의 능력이 미치는 한, 자녀가 이와 같은 상태로

---

*) 신이 자유로운 존재를 창조하는 것이 어떻게 가능한지도 이해할 수 없다. 그 경우에는 그 존재들의 모든 미래 행위가 외견상, 이 최초의 행위에 의하여 예정되어 있어서, 자연적 필연성의 연속에 포함되어 있을 것이고, 따라서 자유롭지 않을 것이기 때문이다. 그러나 이 존재들(우리 인간)은 자유롭기 때문에, 정언명령은 이성의 명령에 의한 것처럼 도덕적 실천적 관점에서 증명하지만, 원인과 결과는 초감각적인 것이므로 이성은 이와 같은 인과관계의 가능성을 이론적 관점에서 설명할 수 없다. – 여기에서 이성에게 기대할 수 있는 것은, 이성이 자유 존재의 창조라는 개념에 모순이 없다는 것을 증명하는 것일 뿐이다. 그것은 다음과 같은 점을 입증함으로써 행해질 수 있다: 인과관계의 범주와 함께, 감각적 대상과의 관계에서 불가피한, 시간적 조건이 동시에 (즉 어떤 결과의 원인은 그 결과에 선행한다는 것이) 초감각적인 것의 상호관계에도 도입되는 경우에만 (이것은 인과관계 개념이 이론적 관점에서 객관적 실재성을 얻어야 하는 경우에도 실제로 일어날 수밖에 없을 것이다) 모순이 발생한다. 그러나 도덕적–실천적, 즉 비감각적 관점에서 순수한 범주가 (그 하위 도식 없이) 창조 개념에서 사용될 때에는 – 이 모순이 – 사라진다. 철학적 법학자는, 그가 해결 과제의 어려움과 여기에서 법원리에 부응할 필요성을 고려한다면, 윤리형이상학에서 선험철학의 첫째 요소들까지 다루는 이와 같은 연구를 막연한 암흑 속에 빠져드는 불필요한 천착이라고 단언하지 않을 것이다.

만족하게 할 의무도 부과되어 있기 때문이다. – 부모는 자녀를 그들의 피조물 (이와 같은 것은 자유를 가지는 존재일 수 없으므로) 및 소유물처럼 파괴하거나 우연에만 맡길 수 없다. 법적 개념에 따르더라도 그들과 무관할 수 없는 상태로 끌려 나온 자녀는 세계존재Weltwesen일 뿐만 아니라 세계시민Weltbürger이기도 하기 때문이다.

§ 29.

또한 이 의무에서, 자녀가 자신의 신체와 오성의 사용을 조절할 수 없는 한 자녀를 관리하고 지도할 권리, 양육 및 보호 외에 자녀를 교육할 권리, 그리고 자녀가 장차 자기 자신을 보존하고 살아갈 수 있도록 실용적으로, 또한 도덕적으로, 그렇지 않다면 부모가 자녀 방치의 책임을 지게 되므로, – 자녀를 지도할 권리가 부모에게 필연적으로 발생한다. 이 모든 것은 해방(emancipatio)될 때까지 존속한다. 부모는 가부장적 명령권 및 그때까지의 양육과 노고에 대한 모든 비용 상환 청구를 포기하고, 그 대신에 교육을 마친 후에는 자녀에게 (부모에 대한) 의무를 단순한 도덕적 의무로서만, 즉 사은으로서 기대할 수 있기 때문이다.

부모의 이와 같은 인격에서, 자녀는 부모의 소유물로 간주될 수 없지만 부모의 나의 것과 너의 것에 속하기 때문에 (자녀는 부모가 점유하는 물건과 같고 다른 모든 사람의 점유에서, 자녀의 의사에 반하더라도, 부모의 점유로 되돌려질 수 있기 때문에), 부모의 권리는 단순한 물권도 아니고, 따라서 양도할 수 있는 것도 아니고 (ius personalissimum, 일신전속적 권리), 단순한 대인적 권리도 아니며, 물권적 성격을 가지는 대인적 권리라는 결론이 도출된다.

따라서 법학에서 물권과 대인적 권리의 권원 외에 물권적 성격을 가지는 대인적 권리라는 권원이 반드시 추가되어야 한다는 점, 즉 그와 같은 지금까지의 분류는 불완전한 것이었다는 점이 여기에서 명백해진다. 가정의 일부로서의 자녀에 대한 부모의 권리에 관한 한, 자녀가 가출하였을 때 부모는 자녀의 귀가의무만을 주장할 수 있는 것이 아니라, 자녀를 물건(도망간 가축)으로서 장악하고 포획할 수 있기 때문이다.

가정 사회의 법
제3부
가장의 권리

§ 30.

부모와 함께 가족Familie을 형성한, 가정Haus의 자녀는 지금까지의 종속관계를 해제하는 어떠한 계약 없이도, 단순히 자기 보존 능력을 갖추게 됨으로써 (그 능력이 자연적 성년으로서 자연의 보편적 운행에 따라 나타나기도 하고, 그들의 특별한 자연적 성상에 따라 나타나기도 함으로써), 성년(maiorennes), 즉 자기 자신의 주인(sui iuris)이 되고, 특별한 법적 행위 없이, 즉 단순히 법칙에 의하여(lege) 이 권리를 취득한다. – 자녀는 그 교육에 대하여 부모에게 채무를 지지 않고, 부모도 이와 마찬가지로 자녀에 대한 의무에서 해방됨으로써, 양자는 자연적 자유를 획득 또는 재획득한다. – 그러나 법칙에 따라 필연적이었던 가정 사회는 이제 해체된다.

쌍방은 실제로 이 가정을, 고용이라는 또 다른 형식으로, 즉 가장과 복비(가정의 하인 또는 하녀)의 결합으로 유지할 수 있다. 즉 이 가정 사회를 이제는 가장적 사회(societas herilis)로 유지할 수 있는 것이다. 이것은 가장이 성년이 된 자녀와 함께, 또는 가족에게 자녀가 없는 때에는 다른 (동거Hausgenossenschaft) 자유인과 함께 가정 사회를 창설하는 계약에 의하여 이루어진다. 이 가정 사회는 (명령하는 자 내지 가장과 복종하는 자, 즉 하인의, imperantis et subiecti domestici) 불평등 사회가 될 것이다.

하인은 이제 가장의 그의 것에 속하는데, 그 형식(점유상태)은 물권에 의한 것과 같다. 하인이 도망간다면, 가장은 일방적 자유의지로 하인을 데려와 지배할 수 있기 때문이다. 그러나 그 내용, 즉 가장이 그 동거인을 어떻게 사용할 수 있는지에 관한 한, 가장은 결코 하인의 소유자(dominus servi)로 행동할 수 없다. 하인은 계약에 의하여만 가장의 지배를 받지만, 일방이 타방의 이익을 위하여 자신의 모든 자유를 포기하는, 즉 사람이기를 포기하는 계약, 따라서 계약 준수 의무도 없이 폭력만을 인정하는 계약은 자기모순이고, 따라서 무효이기 때문이다. (범죄로 인하여 인격을 상실한 자에 대한 소유권에 관하여는 여기에서 언급하지 않는다.)

그러므로 이와 같은 가장과 하인의 계약은 하인의 사용이 소모Verbrauch가 되는 성질의 것이 되지 않아야 한다. 그러나 이에 대한 판단은 가장에게만 인정되는 것이 아니라 하인에게도 인정된다 (따라서 하인은 노예가 될 수 없다). 따라서 이 계약은 종신계약으로 체결될 수 없고, 일방이 타방에게 그 결합의 해소를 통고할 수 있는, 기간의 정함이 없는 계약으로만 체결될 수 있다. 그러나 자녀는 (범죄로 인하여 노예가 된 자의 자녀도) 언제나 자유롭다. 모든 사람은 태어날 때부터, 아직 어떠한 범죄도 행하지 않았으므로, 자유롭고, 성년이 될 때까지의 교육비용도 그가 변제하여야 하는 채무로 평가될 수 없기 때문이다. 노예도, 그가 할 수 있다면, 그 비용을 자녀에게 부담시키지 않고 자녀를 교육하여야 하기 때문이다. 따라서 노예가 이를 할 수 없는 경우에는 노예의 점유자가 그 의무를 인수한다.

*　　　　*

따라서 여기에서도, 앞의 두 항에서와 같이, (하인에 대한 가장의) 물권적 성격을 가지는 대인적 권리가 존재한다는 것을 알 수 있다. 가장은 하인이 그렇게 할 수 있었던 근거와 권리를 조사하기도 전에 그를 되찾아 올 수 있고 모든 점유자에게 외적인 자신의 것으로서 그를 요구할 수 있기 때문이다.

계약에 의하여 취득할 수 있는 모든 권리의 정설적 분류

§ 31.

형이상학적 법학metaphysische Rechtslehre에 요구될 수 있는 것은, 선험적으로 분류(divisio logica)의 항목을 완전하고 명확하게 열거하여 그 진정한 체계를 수립하는 것이다. 그 대신에 모든 경험적 분류는 단편적(partitio)일 뿐이고, 분류된 개념의 영역 전체를 충전하기 위하여 요구되는 항목이 더 이상 없는지 여부를 불확실하게 남겨두고 있다. – 따라서 (경험적 분류에 비하여) 선험적 원리에 따른 분류는 정설적dogmatisch이라고 할 수 있다.

모든 계약은 그 자체, 즉 객관적으로 볼 때, 청약과 승낙이라는 두 개의 법적 행위로 구성된다. 승낙에 의한 취득은 (그것이 인도를 필요로 하는 요물계약pactum re initum이 아니라면) 계약의 일부가 아니라 계약의 필연적인 법적 효과이다. – 그러나 주관적으로 숙고할 때, 즉 이성에 따른 그 필연적 효과가 (그것은 취득이어야 할 것이다) 실제로도 발생하게 (물리적 결과가) 되는지의 문제에 대한 대답으로서, 나는 청약의 승낙에 의하여는 아직 그것을 보장Sicherheit할 수 없다. 이 보장은 외형상 계약의 양태, 즉 계약에 의한 취득의 확실성에 속하는 것으로서, 계약의 목적, 즉 취득을 달성하기 위하여 수단의 완전성을 보완하는 보충물이다. – 이 목적을 위하여 청약자, 승낙자, 보증인 등 세 사람이 행동한다. 보증인 및 보증인과 청약자의 특별 계약에 의하여 승낙자가 목적물에 관하여 얻는 것은 더 이상 없지만, 자신의 것을 취득하기 위한 강제수단과 관련하여 얻는 것은 더욱 많다.

따라서 이 논리적(합리적) 분류의 원칙에 따르면 본래 세 개의 단순하고 순수한 계약의 종류만이 존재한다. 그러나 단순한 이성법칙에 따라 나의 것과 너의 것의 원리에 법령과 관습에 의한 계약의 종류를 추가하는 혼합적, 경험적 분류의 원칙에 따르면 무수히 많은 계약의 종류가 존재한다. 그러나 그것들은 여기에서 제시되는 형이상학적 법학의 영역을 벗어나 있다.

즉, 모든 계약은 A. 일방적 취득을 목적으로 하거나 (무상계약), B. 상호 취득을 목적으로 하거나 (유상계약), 아니면 취득을 목적으로 하지 않고 C. 자신의 것의 보장을 목적으로 한다 (이것은 일방에게는 무상, 타방에게는 유상일 수 있다).

A. 무상계약(pactum gratuitum)은 다음과 같다.

a) 수탁물의 보관(depositum, 임치),

b) 물건의 사용대차(commodatum, 사용대차),

c) 증여(donatio).

B. 유상계약.

I. 양도계약(permutatio late sic dicta, 광의의 교환).

a) 교환(permutatio stricte sic dicta, 협의의 교환). 물건 대 물건.

b) 매매(emtio venditio). 물건 대 금전.

c) 소비대차(mutuum): 동종의 물건을 돌려받는 조건의 물건 양도 (예컨대 곡물 대 곡물, 또는 금전 대 금전).

II. 도급계약Verdingungsvertrag(locatio conductio)

α. 나의 물건을 사용하도록 타인에게 그것을 임대하는 것(locatio rei, 물건 임대차). 이것은, 그 물건이 동종의 물건으로만 상환될 수 있는 때에는, 유상계약으로서 이자

와 결합될 수 있다 (pactum usurarium, 이자계약).

β. 임금계약Lohnvertrag(locatio operae, 노동 임대차), 즉 일정한 대가(merces, 임금)로 타인에게 나의 노동력의 사용을 허락하는 것. 이 계약에 의한 노동자는 용인傭人(mercennarius)이다.

γ. 위임계약(mandatum): 타인의 지위에서 그의 명의로 하는 사무처리. 사무처리가 타인의 지위에서만 행해지고 그의 (본인의) 명의로 행해지지 않는 때에는 이를 위임 없는 사무관리(gestio negotii)라고 하고, 그것이 타인의 명의로 행해지는 때에는 이를 위임Mandat이라고 한다. 여기에서 위임은 도급계약으로서 유상계약(mandatum onerosum, 유상위임)이다.

C. 보증계약(cautio).

a) 담보물의 제공 및 수령(pignus, 물적 담보).

b) 타인의 약속에 대한 보증(fideiussio, 이행보증).

c) 인신에 의한 보증(praestatio obsidis, 인적 담보).

자신의 것을 타인에게 인도(translatio)하는 모든 방식에 대한 이 표에는 인도의 목적물 내지 수단의 개념이 존재한다. 이 개념들은 매우 경험적인 것이며 그 가능성에 의하더라도 본래,

분류가 선험적 원리에 따라 행해져야 하는, 즉 (관습적일 수 있는) 거래의 질료로부터 추상화되어 형식만 관찰되어야 하는, 형이상학적 법학에 어울리지 않는 것이다. 매매의 항목에서 양도 가능한 다른 모든 물건, 즉 상품에 대립하는 화폐의 개념이나 서적의 개념이 그와 같은 것이다. – 매매(상거래)라고 하는, 인간의 모든 물건 거래의 수단 중에서 가장 위대하고 가장 유용한 수단인 화폐의 개념과 가장 위대한 사상의 교류 수단인 서적의 개념은 순수한 예지적 관계로 해체될 수 있는 것이므로 이 개념들이 경험적 혼합을 통하여 순수한 계약의 표를 오염시키는 것은 허용되지 않는다는 점만이 명백해진다.

I.
화폐란 무엇인가?

화폐는 양도에 의하여만 그 사용이 가능한 물건이다. 이것은 (아헨발Achenwall에 따른) 화폐에 대한 훌륭한 명목적 설명으로서, 이와 같은 종류의 자유의지의 대상과 다른 모든 대상을 구별하기에 충분한 것이다. 그러나 이것은 우리에게 그와 같은 물건의 가능성에 관하여 어떠한 설명도 제공하지 않는다. 그러나 우리는 이로부터 다음과 같은 사실을 알 수 있다. 첫째, 거래에서 이 양도는 증여로서 행해지는 것이 아니라 (유상계약pactum onerosum에 의한) 상호 취득을 목적으로 행해지는 것이다. 둘째, 그것은 상품으로서의 물건(즉, 그 자체로서 가치를 가지며 일부 국민의 특별한 수요와 관련되어 있는 것)과 달리 (국민들 사이에서) 일반적으로 선호되는, 그 자체로서 어떠한 가치도 가지지 못하는, 단순한 거래수단으로 생각되기 때문에 모든 상품을 대표한다는 것이다.

셰펠Scheffel의 공식은 인간의 욕구 충족을 위한 수단으로서 가장 직접적인 가치를 가진다. 우리는 이것으로 우리의 양식, 이동 및 우리 대신의 노동에 도움이 될 수 있는 동물을 사육할 수 있고, 또한 우리의 주거, 의복, 향락추구 및 산업의 이기가 제공하는 모든 안락을 생산하기 위하여 그와 같은 자연산물을 계속 재생산하고 인공산물에 의하여 우리의 모든 욕구를 충족시킬 수 있는 인간을 증가시키고 보존할 수도 있다. 이에 반하여 화폐의 가치는 간접적인 것에 지나지 않는다. 우리는 그것 자체를 향유하거나 그 자체로서 직접 어디에 사용할 수 없지만, 그것은 모든 물건 중에서 가장 유용한 수단이다.

이에 근거하여 일단 다음과 같은 화폐의 실질적 정의

가 가능하다: 화폐는 인간의 노동Fleiß을 상호 거래하는 보편적 수단이다. 그러므로 국부는 본래, 그것이 화폐에 의하여 취득되는 한, 인간이 보수로 수수하는 노동의 총합에 지나지 않는다. 이 노동은 국민 사이에 유통되는 화폐를 통하여 대표된다.

따라서 화폐라고 하는 물건은, 이를 산출하거나 다른 사람에게 주기 위하여, 노동을 필요로 하는데, 이 노동은 (자연 또는 인공 산물인) 상품을 취득하기 위하여 투입되고 교환되는 노동과 같은 정도의 것이어야 한다. 화폐라고 하는 물질을 만드는 것이 상품을 만드는 것보다 더 쉽다면, 상품이 공급되는 것보다 더 많은 화폐가 시장에 공급될 것이고, 또한 판매자는 화폐가 더 빠르게 유입되는 구매자보다 더 많은 노동을 상품에 투입하여야 하므로, 상품 생산에 투입되는 노동 및 공공의 부를 결과로 하는 영업과 취득노동Erwerbfleiß은 동시에 사라지고 감소할 것이기 때문이다. – 따라서 은행권과 환어음은 일시적으로 화폐를 대신하더라도 화폐로 간주될 수 없다. 이들을 제조하는 것은 거의 노동을 필요로 하지 않으며, 그 가치는 단순히 지금까지 성공한 현금전환이 앞으로도 계속될 것이라는 의견에 근거한 것인데, 원활하고 안전한 거래를 위하여 충분한 양의 현금이 존재하지 않는다는 것이 발견되는 경우에 그와 같은 의견은 즉시 사라지고 지급불능을 불가피하게 만들기 때문이다. – 그러므로 페루나 뉴멕시코에서 금광과 은광을 개척하는 자들의 취득노동은, 특히 광맥을 찾기 위한 다양한 노동의 시도가 실패하는 경우에, 유럽에서 상품 생산에 투입되는 취득노동보다 훨씬 더 클 것인데, 이에 반하여 유럽의 노동이 바로 이 재료들에 의하여 자극을 받아 동시에 비례적으로 확장되지 않는다면, 즉 그들에게 공급되는 사치품을 통하여 그들의 광업 의욕을 계속 왕성하게 유지하지 않는다면, 그 취득노동은 무급노동으로서 당연히 중단되어 그 국가들을 곧 빈곤에 빠지게 할 것이다. 따라서 노동은 언제나 노동과 경합한다.

그러나 처음에는 상품이었던 것이 결국 화폐가 된 것은 어떻게 가능한가? 어떤 물질을 과도하게 소비하는 고위권력자가 처음에는 그것을 단순히 (궁중) 공복의 장식과 미관을 위하여 사용하였던 경우 (예컨대 금, 은, 동, 또는 아름다운 조개껍데기의 일종, 자패紫貝, 또는 콩고에서 마쿠텐Makuten이라고 불리는 매트의 일종, 또는 세네갈의 철봉과 기니 해변의 흑인노예), 즉 군주가 신민들로부터 조세를 (상품으로서의) 이와 같은 물질로 징수하고 이로 인하여 그 매입 노동이 자극을 받게 되는 신민들에게 (시장 또는 거래소에서의) 그들 간의 거래 규정에 따라 그 조세로 다시 급료를 지급하는 경우에 그와 같은 것이 가능하다. – (생각건대) 어떤 상품이 신민 상호 간의 노동 및 국부의 법정 거래수단, 즉 화폐가 되는 것은 이를 통하여만 가능하다.

따라서 화폐의 경험적 개념에 우선하는 예지적 개념은, 점유의 순환에서 파악되는 것으로서 (permutatio publica, 공적 교환), 다른 모든 것(상품)의 가격을 결정하는 물건의 개념이다. 학문이 무료로 타인에게 교수되지 않는 한 학문도 이 상품에 속한다. 따라서 한 국민의 통화량은 그 국민의 부(opulentia)를 형성한다. 가격(pretium)은, 노동의 상호교환(순환)의 보편적 대표수단인 것의 비례량과의 관계에서 물건의 가치(valor)를 공식적으로 판단한 것이기 때문이다. – 따라서 거래가 많은 경우에 금과 동은 본래적 화폐로 인정되지 않고 상품으로만 인정된다. 금은 지나치게 적고 동은 지나치게 많아서 이를 원활하게 유통시킬 수가 없고, 상품 거래를 위하여 이를 매우 적은 양으로 소유하거나 소량의 구입을 위하여 다량을 소유할 필요가 있기 때문이다. 따라서 대규모 국제거래에서는 화폐의 원료 및 모든 가격 산정의 기준으로 은이 (동과 다소 혼합되어) 채택된다. 기타 금속은 (비금속재료는 더욱더) 한 국민의 소규모 거래에서만 채용될 수 있다. – 무게도 측정되어 있고 각인도 되어 있는, 즉 그것이 통용되어야 하는 금액이 기호로 표시되어 있는 금과 동이 법정 화폐, 즉 주화이다.

"따라서 화폐는 (아담 스미스Adam Smith에 따르면) 그 양도가 노동의 수단인 동시에 기준이 되고, 그로써 인간과 국민이 상호 거래를 행하는 물체이다." – 이와 같은 설명은 유상계약에서 상호 급부의 형식만을 봄으로써 (그 질료를 추상함으로써) 경험적 화폐 개념에서 벗어나 예지적 화폐 개념으로, 즉 나의 것과 너의 것의 거래(commutatio late sic dicta, 광의의 교환)에서의 법개념으로 이행하는 것으로서, 위의 정설적인 선험적 분류의 표, 즉 체계System로서의 법형이상학Metaphysik des Rechts의 표가 타당함을 보여준다.

II.
서적이란 무엇인가?

서적은 어떤 사람이 가시적 언어기호를 통하여 독자에게 행하는 연설을 표상하는 저작물이다 (펜으로 기록되었는지 활자로 기록되었는지, 지면이 적은지 많은지는 여기에서 문제가 되지 않는다). – 독자에게 자신의 명의로 이야기하는 자를 저자(autor)라고 한다. 타인(저자)의 명의로 저작물을 통하여 대중 연설을 하는 자는 발행인이다. 저자의 허락을 얻어 이를 행하는 발행인은 합법적 발행인이다. 그러나 저자의 허락 없이 이를 행하는 발행인은 불법적 발행인, 즉 복제자이다. 원문의 모든 사본(제본)의 총체는 간행물이다.

서적 복제는 법적으로 금지된다

저작물은 (가령 특정인을 표상하는 동판초상화나 석고흉상처럼) 개념을 직접 표시하는 것이 아니라 독자에게 행하는 연설, 즉 저자가 발행인을 통하여 대중 연설을 하는 것이다. – 그러나 후자, 즉 발행인은 (직공장, operarius, 즉 인쇄업자를 통하여) 자신의 명의로 이야기하는 것이 아니라, (그렇지 않다면 저자를 참칭하는 것이므로) 저자의 명의로 이야기하는 것이다. 따라서 발행인은 저자가 위임한 전권(mandatum, 위임)에 의하여만 이를 행할 수 있다. – 그러나 복제자는 독단적 발행에 의하여 저자의 명의로 이야기하지만, 저자로부터 위임을 받지 않고 이야기하는 것이다 (gerit se mandatarium absque mandato, 위임 없이 수임인처럼 행동하는 것이다). 따라서 그는 저자가 선정한 (즉 유일한 합법적) 발행인이 자신의 권리 행사로부터 얻을 수 있었고 얻으려고 하였던 이익을 절취하는 범죄를 행하는 것이다 (furtum usus, 사용절도). 따라서 서적 복제는 법적으로 금지된다.

서적 복제와 같이, 일견하더라도 현저하게 드러나는 불법 Ungerechtigkeit의 합법적 외관의 원인은 다음과 같다. 서적은 일단 (그 제본을 적법하게 점유하고 있는 자에 의하여) 모조될 수 있는 유형의 인공 산물(opus mechanicum)이다. 따라서 이에 대하여 물권이 성립한다. 그러나 서적은 독자에 대한 발행인의 단순한 연설이기도 하다. 발행인은 저자로부터 위임을 받지 않고 이를 공적으로 모사할 수 없다(praestatio operae, 작품의 보증). 즉 대인적 권리가 성립하는 것이다. 따라서 오류는 양자의 혼동에 있다.

*　　　*

대인적 권리와 물권의 혼동은 도급계약에 속하는 다른 경우(B, II, α), 즉 부동산임대차(ius incolatus, 거주권)의 경우에도 분쟁의 소재가 된다. – 즉 다음과 같은 문제가 제기된다: 소유자가 어떤 사람에게 임대한 그의 주택(또는 토지)을 임대차기간 만료 전에 제3자에게 매도하는 경우에, 소유자는 매매계약에 임대차존속의 조건을 부가할 의무를 지는가, 아니면 (관습에 의하여 정해진 해지기간이 경과하면) 매매는 임대차를 파기하는 것인가? – 전자의 경우에 주택은 실제로 거기에 존재하는 부담(onus), 즉 임차인이 그 물건(주택)에 대하여 취득한 물권을 지게 된다. 이는 (주택임대차계약의 등기에 의하여) 성립할 수 있지만 단순한 임대차계약이 아니고, 여기에 다른 계약(임대인은 이에 동의하지 않을 것이다)이 추가되어야 한다. 따라서 “매매는 임대차를 파기한다”는, 즉 완전한 물권(소유권)은 이와 양립할 수 없는 모든 대인적 권리에 우선한다는 명제가 타당하다. 이 경우에 임차인은 계약 파기로 인하여 발생하는 손해에 대하여 대인적 권리를 근거로 손해배상청구의 소를 제기할 수 있다.

중간절

자유의지의 외적 대상의 관념적 취득

§ 32.

내가 말하는 관념적ideal 취득은 시간적 인과관계를 포함하지 않는, 따라서 순수이성의 단순한 이념을 근거로 하는 취득이다. 그럼에도 불구하고 이것은 진정한 취득이고 가상적 취득이 아니다. 이를 실재적real 취득이라고 하지 않는 것은 단지, 아직 존재하지 않는 타인으로부터 (그에 대하여 우리는 그의 존재 가능성만을 인정한다) 주체가 취득하거나, 타인의 존재가 종료하면서 주체가 취득하거나, 또는 타인이 더 이상 존재하지 않는 경우에 주체가 취득함으로써, 취득행위가 경험적인 것이 아니기 때문이다. 즉 점유의 취득이 이성의 순수한 실천적 이념이기 때문이다. – 이와 같은 취득에는 세 가지 종류가 있다: 1) 시효취득에 의한 것, 2) 재산상속에 의한 것, 3) 불후의 공적(meritum immortale)에 의한 것, 즉 사후명예청구권. 이 세 가지는 모두 공법적 상태에서만 효과적일 수 있지만, 공법적 상태의 헌법 및 자유의지적 법령에만 근거하는 것이 아니라 자연상태에서도 선험적으로, 즉 그 후에 이에 따라 시민적 헌법에서의 법칙을 정립하기 위하여 그 전에 필연적으로 생각될 수 있는 것이다 (sunt iuris naturae, 자연법적인 것이다).

I.
시효취득에 의한 취득방식

§ 33.

내가 장기간의 점유만으로 타인의 소유물을 취득하는 것(usucapio, 시효취득)은 (per consensum praesumtum, 추정적 동의에 의하여) 이에 대한 그의 동의를 적법하게 가정할 수 있기 때문도 아니고, 그가 반대하지 않으므로 그 물건을 방기한 것으로(rem derelictam) 인정할 수 있기 때문도 아니다. 소유자로서 이 물건을 요구하는 진정한 자(청구인)가 있더라도, 나는 장기간의 점유만으로 그를 배제할 수 있고, 지금까지의 그의 존재를 무시할 수 있고, 내가 점유하고 있는 동안에 그는 상상물Gedankending로서만 존재한 것처럼 행동할 수 있기 때문이다. 이것은 내가 그의 존재와 그의 청구권의 존재를 그 후에 알게 되었더라도 가능하다. – 이와 같은 방식의 취득을, 정확한 것은 아니지만, 시효에 의한(per praescriptionem) 취득이라고 한다. 배제는 취득의 효과로서만 인정될 수 있으므로, 취득이 선행되어야 하기 때문이다. – 이제는 이와 같은 방식의 취득 가능성이 증명되어야 한다.

외적 물건, 즉 자신의 물건에 대하여 계속적 점유행위(actus possessorius)를 실행하지 않는 자는 당연히 (점유자로서) 존재하지 않는 자로 간주된다. 그는 점유자의 권원을 가지고 있지 않는 한 침해에 대하여 항변할 수 없고, 이미 타인이 그것을 점유하였으므로 그 후에 그것을 주장하더라도 그는 자신이 예전에 소유자였다는 것을 말하는 것일 뿐이고, 자신이 여전히 소유자라는 것과 계속적인 법적 행위가 없었더라도 점유는 중단되지 않았다는 것을 말하는 것은 아니기 때문이다. – 따라서 그가 장기간의 사용 없이 자신의 것을 확보하는 것은 법적 점유행위, 즉 계속적인 명시적documentirter 점유행위에 의하여만 가능하다.

이와 같은 점유행위의 해태(懈怠)에도 불구하고 타인의 합법적인 성실한 점유(possessio bonus fidei, 신의성실의 점유)가 정당한 지속적 점유(possessio irrefragabilis, 항변할 수 없는 점유)의 근거로 인정되지 않거나, 그가 점유하는 물건이 그가 취득한 것으로 인정되지 않는다면, 어떠한 취득도 확정적인(보장되는) 것이 되지 않고, 모든 취득은 잠정적(일시적)인 것에 지나지 않을 것이기 때문이다. 역사적 지식은 최초 점유자와 그의 취득행위까지 소급하여 규명할 수 없기 때문이다. – 시효취득(usucapio)의 근거가 되는 추정은 적법한(허용되는, iusta) 추정일 뿐만 아니라 강행법에 의한 추정(suppositio legalis)으로서 법적으로 요구되는 것이기도 하다 (praesumtio iuris et de iure, 법적 추정 및 법의 추정). 따라서 점유행위의 명시를 해태하고 있는 자는 현재의 점유자에 대한 청구권을 상실한 것이다. 이 경우에 해태기간의 장기간은 (이것은 특정될 수 없고 되어서도 안 된다) 이 부작위의 확실성을 위하여 원용되는 것에 지나지 않는다. 그러나 지금까지 알려지지 않았던 점유자가, 위 점유행위가 (그의 책임이 없더라도) 중단되었을 때에는 언제나 물건을 회수(반환청구)할 수 있다 (dominia rerum incerta facere, 소유권은 물건을 불확실하게 만든다)는 것은 상술한 바와 같은 법적 실천이성의 요청과 모순된다.

그러나 그가 공동체의 구성원인 때에는, 즉 시민적 상태에 있는 때에는, 그의 점유가 사적 점유로서 중단되더라도 국가가 (대신하여) 그의 점유를 유지해 줄 수 있다. 또한 현재의 점유자는 자신의 취득 권원을 최초의 취득까지 소급하여 증명하거나 시효취득의 권원을 원용할 필요도 없다. 그러나 자연상태에서는 시효취득의 권원은 적법하지만, 물건은 본래 이에 의하여 취득될 수 없으며, 그 점유는 법적 행위 없이도 유지될 수 있다. 그러므로 이와 같은 반환청구권의 면제를 취득이라고도 한다. – 따라서 종전 점유자의 시효소멸은 자연법에 속한다 (est iuris naturae, 자연법적인 것이다).

II.

재산상속

(Acquisitio haereditatis, 상속재산의 취득)

§ 34.

재산상속은 사망하는 자와 생존하는 자의 의사의 합치에 의하여 전자의 재산이 후자에게 이전되는 것(translatio)이다. – 상속인(haeredis instituti, 지정상속인)의 취득과 피상속인(testatoris, 유언자)의 방기, 즉 나의 것과 너의 것의 이와 같은 교체는 피상속인의 존재가 종료하는 순간에(articulo mortis, 죽음의 순간에) 이루어진다. 또한 이와 같은 교체는 본질적으로 경험적 의미의 이전(translatio)이 아니다. 경험적 의미의 이전은 두 개의 연속적 행위, 즉 일방이 먼저 점유를 방기하고 이에 이어 타방이 점유를 개시하는 것을 전제로 한다. 따라서 이와 같은 교체는 오히려 관념적 취득이다. – 유언(dispositio ultimae voluntatis) 없는 상속은 자연상태에서는 생각할 수 없는 것이고, 주체의 존재가 종료하는 순간에 나의 것과 너의 것의 이전이 가능한지 또한 어떻게 가능한지의 문제에서는 유언이 상속계약(pactum successorium)인지 일방적 상속인지정(testamentum)인지 여부가 결정적 의미를 가지므로, 상속에 의한 취득방식은 어떻게 가능한가? 라는 문제는 (공동체에서만 발생하는) 다양한 실행형식과 관계없이 별도로 연구되어야 한다.

"상속인 지정에 의한 취득은 가능하다." - 피상속인 카유스Cajus는 그 약속에 관하여 아무것도 모르는 티티우스Titius에게, 사망 시 자신의 전재산을 후자에게 이전한다는 것을 유언으로 약속하고 선언하면서도 자신이 살아 있는 동안에는 자기 재산의 유일한 소유자가 될 수 있기 때문이다. 그러나 일방적 의사만으로는 어떠한 것도 타인에게 이전될 수 없다. 이를 위하여는 약속 외에 타방의 승낙(acceptatio)과 동시적 의사(voluntas simultanea)가 필요하다. 그러나 카유스가 살아 있는 동안에 티티우스는 취득을 위하여 명시적으로 승낙할 수 없으므로, 여기에서는 동시적 의사가 결여되어 있다. 카유스는 사망의 경우에 대하여만 약속하였기 때문이다 (그렇지 않다면 소유권은 잠시 공유가 되는데, 이것은 피상속인의 의사가 아니기 때문이다). - 그러나 티티우스는 물권으로서 유산에 대한 독자적 권리, 즉 배타적으로 유산을 인수할 권리를 묵시적으로 취득한다 (ius in re iacente, 잠재적 물권). 이에 따라, 상정된 시점의 유산을 잠재유산haereditas iacens이라고 한다. 따라서 모든 사람은 필연적으로 (이를 통하여 이익을 얻을 수는 있지만 손해를 보지는 않으므로) 이와 같은 권리를 묵시적으로 승낙하는데, 카유스가 사망한 후에 티티우스는 이 경우에 해당하므로 약속의 승낙을 통하여 상속재산을 취득할 수 있다. 그 사이에 상속재산은 무주물(res nullius)로 있었던 것이 아니라, 공백의 물건(res vacua)으로 있었을 뿐이다. 티티우스는 유산을 자기 재산으로 만들 것인지 여부를 선택할 권리만을 가지고 있었기 때문이다.

따라서 유언은 순수한 자연법에 따르더라도 타당하다 (sunt iuris naturae, 자연법적인 것이다). 그러나 이와 같은 주장은, 유언이 시민적 상태에서 (이 상태가 장차 도래할 때에) 도입되고 시행되어야 한다는 의미로 이해되어야 한다. 시민적 상태(그 상태에서의 보편적 의지)만이, 유산이 승낙과 거부 사이에서 부유하며 아무에게도 속하지 않는 동안에, 그것의 점유를 유지하기 때문이다.

III.
사후 명예의 유산
(Bona fama defuncti, 사자의 명예)

§ 35.

사자(死者)가 사후에도 (즉 더 이상 존재하지 않는 때에도) 그 무엇을 점유할 수 있다는 것은, 그 유산이 물건이라면, 비합리적 사고일 것이다. 그러나 명예는 관념적이지만 선천적인 외적인 나의 것 또는 너의 것으로서, 사람으로서의 주체에 속하는 것이다. 나는 그 사람의 상태, 즉 사망과 함께 그의 존재가 완전히 종료하였는지, 아니면 그가 여전히 살아 있는지를 추상할 수 있고 하여야 한다. 나는 실제로 타인과의 법적 관계에서 모든 사람을 인간성으로만, 즉 예지적 인간homo noumenon으로만 보기 때문이다. 따라서 그 비난이 근거

있는 것이더라도 (즉 de mortuis nihil nisi bene, 죽은 사람에 대하여는 좋은 말만 하라는 원칙이 부당하더라도), 사망한 자를 허위로 비방하는 모든 시도는 언제나 의심스럽다. 자신을 방어할 수 없는 부재자를 확증도 없이 비방하는 것은 적어도 관대한 것이 아니기 때문이다.

사람은 흠결 없는 인생과 이를 마감하는 죽음에 의하여 (소극적) 명예를 자신의 것으로 취득하며, 이것은 그가 현상적 인간homo phaenomenon으로서 더 이상 존재하지 않는 때에 그에게 남겨지는 것이라는 점, 생존하는 자들(유가족 또는 타인)은 그를 법적으로도 방어할 수 있는 권능을 가진다는 점 (증거 없는 비방은 이들이 사망하는 경우에도 이와 마찬가지로 이들을 모두 위태롭게 하기 때문이다), 사람이 그와 같은 권리를 취득할 수 있다는 점은 특이한 현상이지만, 그 명령과 금지를 생명의 한계를 넘어서까지도 확장하는 선험적 입법이성의 부정할 수 없는 현상이다. – 어떤 사람이 사자가 살아 있었을 때 그를 불명예스럽게 만들거나 경멸하게 만들 수 있었던 사자의 범죄를 유포한다면, 이와 같은 모함이 의도적으로 날조된 허위사실이라는 것을 증명할 수 있는 모든 사람은 사자를 비방하는 자를 모략가로 공개 선언할 수 있다. 즉 그 사람 자체를 불명예스럽게 만들 수 있는 것이다. 이것은 각자가, 사자는 사망하였더라도 이에 의하여 모욕을 당한다는 것, 또한 사자는 더 이상 존재하지 않더라도 위와 같은 옹호에 의하여 명예를 회복한다는 것을 정당하게 전제하지 않는다면 행할 수 없는 것이다.*) 각자는 사자를 위하여 옹호자의 역할을 수행할 수 있는 권능을 증명할 필요도 없다. 모든 사람은 (윤리적으로 볼 때) 도덕적 의무에 속할 뿐만 아니라 인간성의 권리에 속하는 것으로서 이와 같은 권능을 필연적으로 가지기 때문이다. 이를 위하여 예컨대 사자의 불명예로부터 친구와 유가족에게 발생할 수 있는, 이들에게 그와 같은 징계 권능을 부여하는, 특별한 개인적 손해가 필요한 것도 아니다. – 따라서 이와 같은 관념적 취득 및 사후에도 생존자에 대하여 가지는 인간의 권리는 합리적인 것이며, 이는 그 권리의 가능성이 연역될 수 없더라도 부정할 수 없는 것이다.

---

*) 그러나 우리는 여기에서 내세에 대한 예상 및 사후 영혼과의 보이지 않는 관계를 광신적으로 추론하지 않는다. 여기에서는 살아 있는 사람들 사이에서 발생하는 순수한 도덕적 및 법적 관계에 대하여만 언급하기 때문이다. 이 관계에 있는 사람은 예지적 존재로서의 인간이다. 우리는 물리적인 (공간적 및 시간적 존재에 속하는) 모든 것을 논리적으로 이와 분리하여 추상하지만, 인간으로부터 이와 같은 본성을 제거하여 인간을 유령으로 만들지는 않는다. 이 예지적 존재의 상태에서 사람은 모략가에 의한 모욕을 느끼는 것이다. – 100년 후에 나를 허위로 비방하는 자는 이미 지금 나를 모욕한 것이다. 예지적인 순수한 법적 관계에서는 (시간의) 모든 물리적 조건이 배제된다. 따라서 명예훼손자(모략가)는 내가 살아 있을 때 이를 행한 것처럼 처벌될 수 있다. 그러나 형사법원에 의하여는 처벌될 수 없고, 응보의 법에 따라 여론에 의하여 그가 타인에게 행한 것과 동일한 명예실추가 그에게 가해짐으로써만 처벌될 수 있다. – 저자가 사자에 대하여 행하는 표절도, 그것이 사자의 명예를 훼손하는 것이 아니라 그 명예의 일부만을 절취하는 것이더라도, 사자에 대한 침해(인간약탈Menschenraub)로서 처벌을 받는 것이 정당하다.

제3장

법원의 판결에 의한 주관적-조건부 취득

§ 36.

비실정법만이, 즉 선험적으로 각인의 이성을 통하여 인식될 수 있는 법만이 자연법으로 이해된다면, 사람들 사이의 상호 거래에서 통용되는 정의(iustitia commutativa, 교환적 정의)뿐만 아니라, 정의가 판결(sententia)하여야 한다는 법칙에 따라 선험적으로 인식될 수 있는 분배적 정의(iustitia distributiva)도 자연법에 속하게 된다.

정의를 대표하는 도덕적 인격은 법원(forum)이고, 그 직무집행 상태에 있는 것은 재판(iudicium)이다. 이 모든 것은 선험적인 법적 조건에 따라서만 사유된 것이고, 그와 같은 상태가 실제로 어떻게 창설되고 조직될 수 있는지는 (이에 해당하는 것은 법령, 즉 경험적 원리이다) 고찰되지 않는다.

따라서 여기에서는, 그 자체 정당한recht 것은 무엇인지, 즉 각인은 이에 대하여 어떻게 판단하여야 하는지의 문제가 제기될 뿐만 아니라, 다음과 같은 문제도 제기된다: 법원에 정당한 것은 무엇인가, 즉 법으로 규정된 것Rechtens은 무엇인가? 따라서 네 가지 경우가 존재하는데, 여기에서 두 개의 판단은 서로 대립하지만 양립할 수 있다. 그 판단은, 서로 다르지만 양자 모두 진실한 두 개의 관점에서, 즉 일방은 사법에 따라, 타방은 공법의 이념에 따라 내려지기 때문이다. – 그것은 다음과 같다: 1) 증여계약(pactum donationis), 2) 사용대차계약(commodatum), 3) 반환청구(vindicatio), 4) 선서(iuramentum).

법원이 어떤 사람의 권리에 대하여 판단하고 조정하기 위하여 그 자신의 필요에 의하여 (즉 주관적 의도에서) 채택할 수 있거나 하여야 하는 법적 원리를 객관적으로도 그 자체 정당한 것으로 간주하는 것은 법학자가 일상적으로 범하는 암묵적 전제의 오류(vitium subreptionis)이다. 전자와 후자는 전혀 다르기 때문이다. – 따라서 이와 같은 특수한 차이점을 명백히 하고 이에 대한 주의를 환기시키는 것은 적지 않은 의미를 가진다.

A.

§ 37.
증여계약

내가 나의 것, 나의 물건(또는 권리)을 무상으로(gratis) 양도하는 이 계약(donatio, 증여)은 나, 증여자(donans)와 타인, 수증자(donatarius)의 사법적 관계를 포함한다. 이에 의하여 나의 것(donum, 증여물)은 타인이 승낙함으로써 그에게 이전된다. – 그러나 이 경우에 나는 강제로 약속을 이행하게 되는 것으로, 즉 나의 자유까지도 무상으로 양도하여 나 자신을 방척하는 것으로 추정될 수 없다 (nemo suum iactare praesumitur, 아무도 자신의 것을 방척할 것으로 추정되지 않는다). 이와 같은 것은 시민적 상태에서 법에 따라 행해지게 될 것이다. 거기에서는 수증자가 나에게 약속의 이행을 강제할 수 있기 때문이다. 그러므로 재판이 청구된다면, 즉 공법에 따라, 이는 비합리적이지만 증여자가 이와 같은 강제에 동의한 것으로 추정되거나, 법원은 그 재판(판결)에서 증여자가 약속 취소의 자유를 유보하려고 하였는지 여부를 중시하지 않고 확실한 것, 즉 청약과 승낙자의 승낙을 중시하는 것으로 추정될 수밖에 없다. 따라서 추정 가능한 바와 같이, 청약자가 약속을 행한 것을 그 이행 전에 후회한다면 그에 기속되지 않는다고 생각하였더라도, 법원은 청약자가 이를 명시적으로 유보하였어야 하며 그렇지 않다면 강제로 약속을 이행하게 될 수 있다는 것을 인정한다. 법원이 이와 같은 원리를 인정하는 것은, 그렇지 않다면 재판이 지극히 어려워지거나 불가능해지기 때문이다.

B.

§ 38.
사용대차계약

이 계약(commodatum, 사용대차)에 의하여 나는 어떤 사람에게 나의 것을 무상으로 사용하는 것을 허용한다. 여기에서, 그것이 물건이라면, 계약 당사자들은 그가 나에게 그 물건을 반환하기로 합의한다. 이 계약에서 차용물의 인수인(commodatarius, 차주)은, 그 소유자(commodans, 대주)가 물건을 차주에게 인도함으로써 발생할 수 있는 물건 또는 그 유용성의 멸실 가능성에 관한 모든 위험(casus)도 대주가 부담하는 것으로 추정할 수 없다. 소유자가 차주에게 물건의 사용(및 이와 분리될 수 없는 물건의 소모)을 허용한 것 외에, 그 물건을 자신이 보관하지 않음으로써 발생할 수 있는 모든 손해에 대한 보전도 면제하였다는 것은 자명하지 않고, 오히려 그에 대하여는 특약이 체결되어야 하기 때문이다. 따라서 물건에 발생할 수 있는 위험을 부담하는 조건을 사용대차계약에 명시적으로 추가하는 것은 양자,

즉 대주와 차주 중 누구의 책임인지, 또는 그것이 행해지지 않는다면 우리는 (물건의 반환 또는 등가물에 의한) 대주의 소유권 보장에 누가 동의한 것으로 추정할 수 있는지의 문제만이 제기될 수 있다. 우리는 대주가 물건의 사용 외에 다른 것을 무상으로 허락한 것으로 추정할 수 없으므로 (즉 소유권의 보장을 직접 부담하는 것으로 추정할 수 없으므로), 대주가 아니라 차주가 동의한 것으로 추정할 수 있을 것이다. 차주는 여기에서 계약에 포함되어 있는 것만을 이행하는 것이기 때문이다.

예컨대 갑자기 비가 와서 내가 어떤 집에 들어가 우비를 빌렸는데 창문에서 실수로 쏟아진 염료로 인하여 그것이 영구적으로 손상되거나, 내가 들어간 다른 집에서 그 우비를 벗어 놓은 사이에 그것이 도난을 당한다면, 나는 그것을 그대로 반환하거나 도난 사실을 보고하기만 하면 된다는 주장은 모든 사람에게 불합리한 것으로 여겨질 수밖에 없다. 어쨌든, 그는 어떠한 권리도 주장할 수 없으므로, 이와 같은 손망실에 대하여 소유자에게 한탄하는 것이 예의일 것이다. – 내가 그 사용을 간청하면서 동시에, 내가 빈곤하여 손해를 배상할 수 없으므로, 그 물건이 나의 수중에서 손망실되는 경우에 그 위험도 부담해 줄 것을 사전에 간청하는 경우에는 사정이 전혀 다르다. 대주가 매우 부유하고 호의적인 사람이라면, 이 경우에 나의 채무를 관대하게 면제하는 것으로 추정하지 않는 것은 거의 모욕이 될 것이므로, 어느 누구도 이것을 무의미하고 우스운 짓으로 여기지 않을 것이다.

*　　　*

사용대차계약에서 나의 것과 너의 것에 대하여, (이 계약의 성질로부터 도출되는 바와 같이) 물건에 발생할 수 있는 위험(casus)에 대하여 약정된 것이 없다면, 따라서 동의가 추정적인 것에 지나지 않으므로 그 계약이 불확실한 계약(pactum incertum)이라면, 그에 대한 판단은, 즉 그 위험이 누구에게 속하는지에 대한 결정은 계약 그 자체의 조건으로부터 결정될 수 없고, 이와 마찬가지로 언제나 계약에서 확실한 것만을 중시하는 (그것은 여기에서 소유물로서의 물건의 점유이다) 법원에 의하여만 결정될 수 있다. 이 경우에 자연상태에서의 판단, 즉 사물의 내적 성질에 따른 판단은 다음과 같다: 차용물의 손망실로 인하여 발생한 손해는 차주에게 속한다 (casum sentit commodatarius). 이에 반하여 시민적 상태에서는, 즉 법원에서는 다음과 같은 판결이 선고된다: 손해는 대주에게 속한다(casum sentit dominus). 따라서 법원의 판결은 건전한 이성의 판결과 근본적으로 다르다. 공적인 법관은 일방 또는 타방의 생각을 추정하여 판결할 수 없고, 차용물에 발생하는 모든 손해에 대한 면책을 특약으로 유보하지 않은 자가 그 손해를 직접 부담하여야 하기 때문이다. – 따라서 법원이 내려야 하는 판단과 각자의 사적 이성Privatvernunft이 내릴 수 있는 판단의 차이점은 법적 판단의 시정에 있어 결코 간과될 수 없는 점이다.

C.
유실물 회복(탈환)
(vindicatio, 반환청구)

§ 39.

계속 존재하는 나의 물건은 내가 그것을 지속적으로 소지하지 않더라도 나의 것이고 법적 행위(derelictionis vel alienationis, 방기 또는 포기) 없이 저절로 나의 것으로서의 존재가 종료하지 않는다는 점, 또한 나에게는 이 물건에 대한 권리(ius reale, 물권)가, 즉 특정인에 대한 권리(ius personale, 대인적 권리)가 아니라 모든 소지자에 대한 권리가 인정된다는 점은 전술한 바와 같이 명백하다. 그러나 내가 이 권리를 포기하지 않았는데 타인이 그 물건을 점유하고 있는 경우에도, 이 권리는 다른 모든 사람에 의하여 그 자체 계속 존속하는 소유권으로 간주되어야 하는지, 이제는 이것이 문제이다.

내가 물건을 잃어버렸는데 (res amissa, 유실물) 그 물건이 타인으로부터 진지하게 (bona fide, 선의로), 즉 추정습득물로서 또는 소유자를 참칭하는 점유자의 형식적 양도에 의하여, 나에게 돌아왔다면, 나는 비소유자(a non domino)로부터 물건을 취득할 수 없으므로 타인에 의하여 이 물건에 대한 모든 권리에서 배제되고 부적법점유자에 대한 대인적 권리만을 가지는 것인지 여부가 문제된다. – 취득이 법원의 편의에 따라 판단되지 않고 (자연상태에서) 그 내적 정당화 근거에 의하여만 판단된다면, 후자가 명백히 타당하다.

왜냐하면 양도 가능한 모든 것은 그 어느 누구에 의하여 취득될 수 있어야 하기 때문이다. 그러나 취득의 적법성은 오로지 타인이 점유하고 있는 것이 나에게 인도되고 나에 의하여 인수되는 형식, 즉 물건의 점유자와 취득자 간의 거래(commutatio)라는 법적 행위의 형식성에 근거한다. 따라서 나는 그가 어떻게 점유하게 되었는지를 묻지 않아도 된다. 그것은 이미 모욕이 될 것이기 때문이다 (quilibet praesumitur bonus, donec etc. 역주: 이 문장은 다음을 의미하는 것으로 추정된다. quilibet praesumitur bonus, donec probetur in contrarium. 반증이 없는 한 누구든지 선인으로 추정된다). 그가 소유자가 아니고 다른 사람이 소유자라는 것이 그 후에 입증되더라도, 후자는 (물건의 소지자일 수 있는 다른 모든 사람에 대한 것과 마찬가지로) 바로 나에게 책임을 물을 수 없다. 나는 그의 것을 절취하지 않았고, 예컨대 공개시장에 매물로 나온 말을 적법하게 (titulo emti venditi, 매매의 권원에 의하여) 구입하였기 때문이다. 즉 나의 취득 권원에는 문제가 없지만, 나는 (매수인으로서) 타인(매도인)의 점유의 권원을 조사할 의무를 지지 않으며 – 이와 같은 조사는 무한히 소급될 것이므로 –, 조사할 수도 없기 때문이다. 따라서 나는 적법한 권원에 의하여 말을 매수함으로써 추정적 소유자가 아니라 진정한 소유자가 된 것이다.

그러나 이에 대하여는 다음과 같은 법적 근거가 제기된다: 물건의 소유자가 아닌 자(a non domino)로부터의 모든 취득은 무효이다. 나는 타인의 그의 것으로부터 그가 적법하게 소유하고 있었던 것만을 취득할 수 있다. 따라서 취득의 형식(modus acquirendi)에 관한 한 내가 적법하게 행동하더라도, 내가 시장에 매물로 나와 있는 도난당한 말을 구입한다면, 취득의 권원은 결여되어 있는 것이다. 말은 최초 매도인의 그의 것이 아니었기 때문이다. 나는 선의의 점유자(possessor bonae fidei)이더라도 추정적 소유자(dominus putativus)에 지나지 않으므로, 진정한 소유자는 반환청구권을 가진다 (rem suam vindicandi, 자신의 것의 탈환).

(자연상태에서) 사람들 사이의 상호 거래에서 통용되는 정의의 원리(iustitia commutativa, 교환적 정의)에 따라 외적 물건의 취득에서 그 자체 법으로 규정된 것Rechtens이 무엇인지가 문제된다면, 우리는 다음과 같은 점을 시인하여야 한다: 이것을 의도하는 자는 자신이 취득하려고 하는 물건이 이미 타인에게 속하는 것이 아닌지를 반드시 조

사하여야 한다. 즉 그가 타인의 그의 것으로부터 물건을 승계취득하기 위한 형식적 조건을 엄밀히 확인하였더라도 (말을 시장에서 적법하게 구입하였더라도), 타인(즉 매도인)이 그 물건의 진정한 소유자가 아닌지 여부를 확인하지 않았다면, 그는 물건에 관하여 대인적 권리(ius ad rem, 물건에 관한 권리)만을 취득할 수 있었던 것이다. 따라서 물건에 대하여 선행하는 자신의 소유권을 증명할 수 있는 자가 나타난다면, 추정적 신(新)소유자에게는 그가 선의의 점유자로서 이때까지 적법하게 이용함으로써 얻은 이익 외에 아무것도 남지 않는다. – 따라서 서로 권리를 승계취득하는 일련의 추정적 소유자들 중에서 최초의 소유자(원原소유자)를 찾아내는 것은 대체로 불가능하므로, 외적 물건의 거래가 이와 같은 정의(iustitia commutativa)의 형식적 조건과 합치하더라도, 그 거래는 확실한 취득을 보장할 수 없다.

*　　　　*

이제 여기에서 다시 법적·입법적 이성이 분배적 정의의 원칙과 함께 등장한다. 이 원칙은 점유의 적법성을 기준으로 삼는데, 점유의 적법성은 (자연적 상태에서) 각자의 사적 의지와의 관계에서 판단되는 것이 아니라, 보편적으로 결합된 의지를 통하여 생성된 상태에서 (시민적 상태에서) 법원에 의하여 판단되는 것이다. 여기에서 취득의 형식적 조건은 대인적 권리만을 정당화하지만, 이 조건과의 합치는 (선행하는 추정적 소유자의 그의 것으로부터의 승계취득을 정당화하는) 실질적 근거를 대체하기에 충분한 것으로 간주되고, 대인적 권리는 법원의 판결에 의하여 물권으로서 효력을 가진다. 예컨대, 경찰법에 의하여 규율되는 공개시장에서 각자가 구입할 수 있는 말은, 매매의 모든 규칙이 정확하게 준수되었다면, 나의 소유물이 되고 (그러나 진정한 소유자에게는 상실되지 않은 오랜 점유를 이유로 매도인에게 주장할 수 있는 권리가 있다), 나의 대인적 권리는 내가 나의 것을 발견하는 경우에 판매자가 그것을 어떻게 점유하게 되었는지를 묻지 않고 그것을 탈환(반환청구)할 수 있는 물권으로 변화된다.

따라서 물건에 관한 권리가, 그것이 존재하는 바에 따라 (대인적 권리로) 인정되고 다루어지는 것이 아니라, 그것이 가장 간명하게 판단될 수 있는 바에 따라 (물권으로), 그러나 순수한 선험적 원리에 따라 인정되고 다루어지는 것은 오로지 법원의 판결을 위한 것이다 (in favorem iustitiae distributivae, 분배적 정의를 위하여). – 그 후에 제정되는 다양한 실정법적 준칙들(명령)은 이 원리에 근거한다. 그 준칙들은 특히, 법관이 각자에게 그의 것을 가장 간명하게 승인할 수 있도록, 취득방식이 법적 효력을 가질 수 있는 조건을 정립하는 것을 목적으로 한다. 예컨대, 매매는 임대차를 파기한다는 명제에서는 계약의 성질에 따라, 즉 그 자체 물권인 것(임대차)이 대인적 권리로 간주되고, 역으로 위 사례에서처럼 그 자체 대인적 권리인 것이 물권으로 간주되는 것이다. 문제는, 시민적 상태에서 법원이 판결에 의하여 각자의 권리를 가장 확실하게 보호하려면 어떠한 원리에 의거하여야 하는가이다.

D.
선서에 의한 보증의 취득
(Cautio iuratoria, 선서에 의한 보증)

§ 40.

우리가 사람들에게 신이 존재한다는 것을 믿고 고백할 의무를 법적으로 부과할 수 있는 근거로 제시할 수 있는 것은 오로지 다음과 같은 것이다. 즉 사람들이 선서를 하고, 진술이 허위인 경우에 전지적 최고권력의 징벌을 엄숙히 환기하고, 그에 대한 두려움에 기인하여 말을 진실하게 하고 약속을 성실하게 이행하도록 강제할 수 있다는 것이다. 이것은 우리가 양 당사자의 도덕성에 의존한 것이 아니라, 그들의 맹목적 미신에 의존한 것이다. 이는, 사람들 사이에만 존재할 수 있는 가장 신성한 것(인간의 권리)이 문제되는 경우에 진실의무가 각자에게 명백히 존재함에도, 우리가 법원의 재판에서 당사자의 엄숙한 진술을 확보하지 못하였다는 점에서, 따라서 동화 같은 이야기가 동인(動因)을 이루고 있다는 점에서 명백해진다. 이는 예컨대, 마르스덴스Marsdens에 의하면 사후세계가 존재한다는 것을 믿지 않음에도 친족의 유골 앞에서 증인선서를 하는 수마트라 섬의 이교도 민족인 레장족Rejangs의 이야기, 또는 자신들의 주물(呪物), 예컨대 자신들의 목을 부러뜨릴 수 있다고 믿는 새의 깃털 앞에서 행하는 기니 흑인들의 선서 등과 같은 것이다. 이들은, 보이지 않는 힘이, 그것이 오성을 가지고 있든 있지 않든, 그 성질상 이미 그와 같은 선서에 의하여 실현되는 이와 같은 마력을 가지고 있다고 믿는다. – 그러나 이름은 종교이지만 원래 미신이라고 하여야 할 이와 같은 신앙은 사법행정을 위하여 불가결하다. 법원은 이에 의존하지 않고 충분히 은폐된 사실을 규명하고 판결할 수 없기 때문이다. 따라서 이와 같은 의무를 부과하는 법률은 명백히 사법권의 필요에 의하여 제정된 것이다.

그러나 이제는 다음과 같은 문제가 제기된다: 각자는 법원에서 타인의 선서를 모든 분쟁을 종식시키는 그의 진술의 진실성의 정당한 근거로 수용하여야 할 의무를 지는데, 이 의무는 무엇에 근거하는가, 즉 무엇이 나에게 법적으로 타인(선서하는 자)이 종교를 가지고 있다고 믿고 나의 권리를 그의 선서에 의존하게 하여야 할 의무를 부과하는가? 또한 역으로: 나는 선서의무를 져야 하는가? 두 가지 의무는 모두 부당하다.

그러나 법원에 관한 한, 즉 시민적 상태에서, 일정한 경우에 선서 외에 진실을 규명하기 위한 다른 수단이 없다는 것을 우리가 인정할 때, 법원의 법적 절차를 위하여 종교를 긴급수단으로 (in casu necessitatis, 긴급한 경우에) 사용하려면, 종교에 관하여, 각자가 종교를 가지고 있다는 것이 전제되어야 한다. 법원은 이와 같은 정신적 강제(tortura spiritualis, 정신적 고문)를 은폐된 것을 규명하기 위한 신속한 수단 및 인간의 미신적 성향에 적합한 수단으로 간주하고, 자신은 이를 사용할 권한을 가지고 있다고 간주한다. – 그러나 사법권에 이와 같은 권한을 부여하는 입법권은 근본적으로 불법을 행하는 것이다. 시민적 상태에서도 선서를 강제하는 것은 상실될 수 없는 인간의 자유에 반하기 때문이다.

> 취임선서는 보통 약속적인 것, 즉 의무를 준수하며 직무를 수행할 것을 진지하게 결의하는 것이다. 취임선서가 단언적 선서, 즉 공무원이 예컨대 1년 (또는 수년) 후에 그 기간 동안 직무수행에 충실하였음을 서약할 의무를 지는 것으로 변경된다면, 이것은 약속적 선서보다 양심을 더 동요시킬 것이다. 약속적 선서는 그 후에 언제나 최선의 결의에도 불구하고 직무수행 중에 비로소 겪게 된 민원을 사전에 예상하지 못하였다는 내적 변명을 남기기 때문이다. 또한 의무위반도 기재자에 의한 집계가 임박할 경우에는 그것이 하나씩 질책을 받는 (후자로

인하여 전자가 잊혀지는) 경우보다 탄핵으로 인한 근심을 더 가중시킬 것이다. – 그러나 신앙의(de credulitate) 선서에 관한 한, 이것은 결코 법원에 의하여 강요될 수 없다. 첫째, 그것은 그 자체에 모순을 포함하고 있기 때문이다. 생각하는 것과 아는 것 사이의 이 중간물은 그에 대하여 내기는 할 수 있지만 선서는 할 수 없는 것이기 때문이다. 둘째, 자신이 의도하는 것을, 그것이 공익이더라도, 규명하기 위하여 이와 같은 신앙선서를 당사자에게 강요하는 법관은 선서하는 자의 양심을 중대하게 침해하는 것이다. 즉 법관은 자신의 목적을 달성하지도 못하게 되는 경솔한 진술을 유도함으로써, 또한 오늘은 어떤 사항을 일정한 관점에서 보고 사실이라고 생각하지만 내일은 또 다른 관점에서 사실이 아니라고 생각할 수 있는 인간에게 양심의 가책을 느끼게 함으로써, 선서를 강요받는 자를 침해하는 것이다.

자연상태에서의 나의 것과 너의 것에서 법적 상태에서의 나의 것과 너의 것으로의 이행

§ 41.

법적 상태는 각자가 자신의 권리를 향유할 수 있는 조건을 포함하는 인간 간의 상호 관계이다. 법적 상태의 가능성의 형식적 원리를, 보편적 입법 의지의 이념에 따라 고찰할 때, 공적 정의라고 한다. 공적 정의는 법칙에 따른 (자유의지의 대상으로서) 대상 점유의 가능성, 현실성 또는 필요성과 관련하여 보호적 정의(iustitia tutatrix), 상호 취득적 정의(iustitia commutativa) 및 분배적 정의(iustitia distributiva)로 분류될 수 있다. – 이 경우에 법칙은 첫째 어떠한 행위가 그 형식상 내적으로 정당한 것인지 (lex iusti), 둘째 무엇이 질료로서 외적으로도 적법한 것인지, 즉 그 점유상태가 합법적인 것인지 (lex iuridica), 셋째 무엇이, 특히 법원의 판결이 어떤 특수한 사건에서 주어진 법률에 따른 것인지, 즉 법적으로 규정된 것인지를 (lex iustitiae) 말할 뿐이다. 여기에서 우리는 법원 자체를 일국(一國)의 정의라고도 하는데, 그와 같은 정의가 존재하는지 여부를 모든 법적 관심사 중에서 가장 중요한 관심사로 물을 수 있다.

비(非)법적 상태, 즉 분배적 정의가 존재하지 않는 상태를 자연적 상태(status naturalis)라고 한다. 이에 대립되는 상태는 (아헨발Achenwall이 생각하는 것처럼) 인위적 상태(status artificialis)라고 할 수 있는 사회적 상태가 아니라, 분배적 정의 하에 있는 사회의 시민적 상태(status civilis)이다. 자연상태에서도 합법적 사회(예컨대 부부사회, 부계사회, 가정사회 등)는 존재할 수 있으며, 법적 상태에 대하여는 상호 법적 관계를 (무의식적으로도) 맺을 수 있는 인간은 모두 이 상태로 들어가야 한다고 말할 수 있지만, 자연상태에서의 사회에 대하여는 "너는 이 상태로 들어가야 한다"는 선험적 법칙이 적용되지 않기 때문이다.

자연적 상태와 사회적 상태는 사법의 상태라고 할 수 있지만, 시민적 상태와 법적 상태는 공법의 상태라고 할 수 있다. 공법은 인간 간의 의무를 포함하지 않거나, 사법에서 생각할 수 있는 것과 다른 인간 간의 의무를 포함한다. 사법의 대상은 양자에 있어 동종의 의무이기 때문이다. 따라서 인적 결합(조직Verfassung)의 법적 형식에 관하여만 정하고 있는 사법 규정은 공법으로 간주되어야 한다.

시민적 결합(unio civilis)도 사회라고 할 수 없다. 명령자(imperans)와 신민(subditus) 사이에는 동료관계가 존재하지 않기 때문이다. 그들은 동무가 아니라 상하관계에 있는 것이고, 동렬에 있는 것이 아니다. 동렬에 있는 자들은, 공동의 법률 하에 있는 한, 서로 평등한 것으로 간주되어야 한다. 따라서 시민적 결합은 사회가 아니라 사회를 만드는 것이다.

§ 42.

자연적 상태의 사법으로부터 다음과 같은 공법의 요청이 도출

된다: 너는 다른 모든 사람과의 공존 관계를 피할 수 없으므로 자연상태에서 벗어나 법적 상태, 즉 분배적 정의의 상태로 이행하여야 한다. – 그 근거는 외적 관계에서 폭력(violentia)에 대립하는 법의 개념으로부터 분석적으로 전개될 수 있다.

누구든지, 타인이 동등하게 자신의 점유를 침해하지 않을 것을 보장하지 않는다면, 타인의 점유를 침해하지 않을 의무를 지지 않는다. 따라서 각자는 예컨대 타인의 대항적 성향으로부터 참담한 경험을 통하여 교훈을 얻게 될 때까지 기다려서는 안 된다. 그것은 각자에게 손해를 통하여 비로소 성숙해질 의무를 부과하기 때문이다. 누구든지 타인을 능가하려는 (능력과 술수에 있어 자신이 타인을 능가한다고 느낄 때 타인의 권리의 우위를 존중하지 않으려는) 인간의 성향을 충분히 자각할 수 있으므로, 현실적 적대행위를 기다릴 필요가 없다. 따라서 이미 그 성질상 자신을 위협하는 자에 대하여는 누구든지 강제를 행할 수 있는 권능을 가진다 (Quilibet praesumitur malus, donec securitatem dederit oppositi; 누구든지 반대의 확신을 줄 때까지는 악인으로 추정된다).

이와 같은 외형상 무법적 자유의 상태에 머물고자 한다면, 그들이 서로 공격하더라도 그들은 서로 불법을 행하는 것이 아니다. 마치 합의에 의한 것처럼, 한 사람에게 적용되는 것은 타인에게도 서로 적용되기 때문이다 (uti partes de iure suo disponunt, ita ius est; 당사자들이 그들의 권리를 결정하는 대로, 그것이 권리가 된다). 그러나 그들은 법적 상태가 아닌 상태에, 즉 어느 누구도 폭력으로부터 자신의 것을 안전하게 지킬 수 없는 상태에 머물고자 한다는 점에서 최고도로 불법을*) 행하는 것이다.

---

*) 형식적 불법과 실질적 불법의 이와 같은 구별은 법학에서 다양하게 행해진다. 포위된 요새의 부대와 체결한 항복조약을 성실하게 이행하지 않고 그 부대가 철수할 때 이를 학대하거나 그 조약을 파기하는 적은, 그의 적이 어떤 기회에 자신에게 동일한 짓을 하더라도, 불법을 하소연할 수 없다. 그러나 이들은 법의 개념 자체를 무시하고 모든 것을 마치 합법적인 것처럼 야만적 폭력에 맡겨 인간의 권리를 와해시키기 때문에 최고의 불법을 행하는 것이다.

법학

제2부

공법

제1절

국가법

§ 43.

법적 상태를 창출하기 위하여 공포를 필요로 하는 법칙들의 총체가 공법이다. – 따라서 공법은 상호 작용 속에서 법적으로 규정된 것Rechtens을 공유하기 위하여 자신들을 결합하는 의지, 즉 헌법(constitutio) 하에서의 법적 상태를 필요로 하는 하나의 민족, 즉 하나의 인간 집단, 또는 하나의 다민족 집단을 위한 법칙들의 체계이다. – 상호 관계에 있는 국민들의 이와 같은 상태를 시민적 상태(status civilis)라고 하고, 국민 전체를 그 구성원들과의 관계에서 국가(civitas)라고 한다. 국가는 그 형식으로 인하여, 즉 법적 상태에서 존재하기를 원하는 만인의 공동이익을 통하여 결합된 것으로서, 공동체das gemeine Wesen(res publica latius sic dicta)라고 불리지만, 다른 국민들과의 관계에서는 권력(potentia)이라고 한다 (따라서 권력자Potentaten라는 용어가 성립한다). 이것은 또한 (소위) 세습적 결합으로 인하여 원민족(gens)으로 지칭되기도 한다. 따라서 공법이라는 일반적 개념 하에서는 국가법뿐만 아니라 국제법(ius gentium)도 생각하여야 한다. 더 나아가, 지면은 무한한 평면이 아니라 그 범위가 제한된 평면이기 때문에, 국가법과 국제법은 만민법(ius gentium) 또는 세계시민법(ius cosmopoliticum)의 이념으로 종합될 수밖에 없다. 따라서 이 세 가지 형식의 법적 상태 중에서 단 하나의 형식에 법률에 의하여 외적 자유를 제한하는 원리가 결여된다면, 다른 모든 형식의 건물도 서서히 파괴되어 결국 붕괴될 수밖에 없다.

§ 44.

우리가 인간의 폭력행위의 준칙 및 강력한 외적 입법이 출현하기 전까지 서로 공격하는 그 사악함의 준칙을 알게 되는 것은 경험에 의하여가 아니다. 즉 공법적 강제를 불가피하게 만드는 것은 소행Faktum이 아니다. 그것은, 인간이 선량하고 법을 준수하는 것으로 생각되더라도, 공법적 상태가 수립되기 전에는 어떠한 인간, 민족 및 국가도 서로에 대한 폭력행위로부터 안전할 수 없는, 즉 각자가 정당하고 선하다고 생각하는 것을 자신의 권리로써 행하고 이 점에서 타인의 의견에 예속되지 않는 (비법적) 상태의 이성이념에 선험적으로 존재하는 것이다. 따라서 각자가 모든 법적 개념을 포기하려고 하지 않는다면 가장 먼저 결정하여야 하는 것은 다음과 같은 원칙이다: 각자는 자신의 머리에 따르는 자연상태에서 벗어나, (그들과의 상호작용을 피할 수 없으므로) 다른 모든 사람과 결합하여 외적인 공법적 강제에 복종하여야 하며, 각자에게 그의 것으로 인정되어야 하는 것이 법률로 규정되고 충분한 권력(그 자신의 권력이 아니라 외적인 권력)에 의하여 분배되는 상태로 이행하여야 한다. 즉 각자는 무엇보다 먼저 시민적 상태로 이행하여야 한다.

바로 이 때문에 그의 자연적 상태는 오로지 힘의 강약에 의하여 서로 대항하는 부정의(iniustus)의 상태는 아니었더라도, 법적 분쟁(ius controversum)이 있을 때 법적 효력을 가지고 판결을 내릴 수 있는 유능한 법관이 없는 무법상태(status iustitia vacuus)였고, 이로부터 벗어나 법적 상태로 이행할 것을 각자가 타인에게 힘으로 강요하는 것이 허용되는 상태였다. 각자가 자신의 법개념에 따라 선점 또는 계약에 의하여 외적인 것을 취득하더라도, 이 취득이 공법에 의하여 승인되지 않는 한, 그것은 공적 (분배적) 정의를 통하여 규정된 것도 아니고 이 권리를 행사하는 힘에 의하여 보장되는 것도 아니므로 잠정적인 것에 불과하기 때문이다.

우리가 시민적 상태로 이행하기 전에 어떠한 취득도 잠정적이라도 적법한 것으로 인정하지 않는다면, 시민적 상태 자체는 불가능할 것이다. 시민적 상태가 순수한 이성개념에 의하여만 사유되는 한, 자연상태에서의 나의 것과 너의 것에 대한 법칙은 형식상 시민적 상태에서의 나의 것과 너의 것에 대한 법률이 규정하는 것과 동일한 것을 포함하며, 시민적 상태에서는 자연상태의 법칙이 (분배적 정의에 따라) 실행될 수 있는 조건들이 제시될 뿐이기 때문이다. – 따라서 자연상태에서 잠정적이라도 외적인 나의 것과 너의 것이 없다면, 이에 관한 법적 의무도 없을 것이고, 자연상태에서 벗어나라는 명령도 없을 것이다.

§ 45.

국가(civitas)는 법원칙Rechtsgesetzen 하에서의 인간 집단의 결합이다. 이 법원칙이 (법령상의 것이 아니라) 선험적 법칙으로서 필연적인 것인 한, 즉 외적인 법의 개념들로부터 당연히 도출되는 것인 한, 국가의 형식은 국가 일반의 형식이다. 즉 국가는, 그것이 순수한 법원리에 따라 존재하여야 하는 것처럼, (대내적) 공동체를 위한 모든 현실적 결합의 기준(norma)이 되는 이념 속에 존재한다.

모든 국가는 세 개의 권력을 보유한다. 즉 일반적으로 결합된 의지를 세 개의 인격Person으로 보유한다 (trias politica, 삼권분립). 입법자의 인격으로 보유하는 주권Herrschergewalt(Souveränität), (법률에 따라) 통치자Regierer의 인격으로 보유하는 집행권 및 법관의 인격으로 보유하는 (법률에 따라 각자에게 그의 것을 인정하는 것으로서의) 사법권은 (potestas legislatoria, rectoria et iudiciaria) 실천적 이성추론의 세 가지 명제와 같다. 즉 일반적으로 결합된 의지의 법률을 포함하는 대전제, 적법절차원칙, 즉 위 의지에 포섭하는 원리를 포함하는 소전제 및 당해 사건에서 법으로 규정된 것Rechtens이 무엇인지에 대한 재판(판결)을 포함하는 결론과 같다.

§ 46.

입법권은 국민의 결합된 의지에만 귀속될 수 있다. 모든 법은 입법권으로부터 나와야 하므로, 입법권은 법률을 통하여 누구에게도 불법을 행할 수 없어야 한다. 그러나 누구든지 타인에 대하여 그 무엇을 처리할 때에는 언제나 이를 통하여 그에게 불법을 행할 수 있지만, 자기 자신에 대하여 무엇을 결정할 때에는 그렇지 않다 (volenti non fit iniuria, 동의하면 불법이 인정되지 않기 때문이다). 따라서 만인의 합일된 의지만이, 만인에 대한 일인의 결정과 일인에 대한 만인의 결정이 일치하는 한에서, 즉 일반적으로 결합된 국민의 의지만이 법률을 제정할 수 있다.

입법을 위하여 결합된 시민사회(societas civilis), 즉 국가의 구성원을 국민Staatsbürger(cives)이라고 한다. (이와 같은 것으로서의) 그 본질과 분리될 수 없는 국민의 법적 속성은 다음과 같다. 첫째, 자신이 찬성한 법률 외에 다른 법률에는 복종하지 않을 법률적 자유이다. 둘째, 타인이 자신을 구속할 수 있는 것과 마찬가지로 타인을 법적으로 구속할 수 있는 도덕적 능력을 가지고 있는 자 외에는 자신의 자유와 관련하여 어떠한 국민도 상위자로 인정하지 않는 시민적 평등이다. 셋째, 자신의 존재와 유지를 위하여 다른 국민의 자유의지에 의지하지 않고, 공동체의 구성원으로서 자신의 권리와 능력에 의지하는 시민적 독립성의 속성, 따라서 법적 문제에서 타인에 의한 대리를 허용하지 않는 시민적 인격이다.

투표능력만이 국민의 자격을 이룬다. 그러나 이 능력은 공동체의 일부일 뿐만 아니라, 그 구성원, 즉 자유의지로 타인과 연대하여 행동하는 공동체의 일부가 되려고 하는 국민의 독립성을 전제로 한다. 그러나 이 시민적 독립성은, 수동적 국민의 개념이 국민 일반에 대한 개념 설명과 모순되는 것처럼 보이지만, 능동적 국민과 수동적 국민의 구별을 불가피하게 만든다. – 다음과 같은 예는 이 난제를 해결하는 데 도움이 될 수 있다. 상인 또는 장인의 기능공, (국가에 고용되지 않은) 사환, (naturaliter vel civiliter, 자연적 또는 시민적) 무능력자, 모든 여성, 자신의 능력에 의하여가 아니라 (국가의 지원 외에) 타인의 지원에 의하여 그 생존

(영양과 보호)을 보존하는 자는 시민적 인격bürgerliche Persönlichkeit이 결여된 자이고, 그 존재는 부속물Inhärenz과 같을 뿐이다. – 나의 농장에 고용된 나무꾼 및 망치, 모루, 풀무를 가지고 가정을 방문하여 그 곳에서 철공 일을 하는 인도의 대장장이는 그 노동의 산물을 상품으로서 대중에게 판매할 수 있는 유럽의 목수나 철물공과 달리, 가성교사는 학교교사와 달리, 소작인은 농지임차인과 달리 공동체의 막일꾼에 불과하다. 이들은 타인의 명령이나 보호를 받아야 하므로 시민적 독립성이 없는 자들이기 때문이다.

그럼에도 타인의 의지에 대한 이와 같은 종속 및 불평등은, 인간으로서 국민을 이루는 자들의 자유 및 평등과 상반되지 않는다. 오히려 그 조건에 의하여만 국민은 국가가 될 수 있고 시민적 헌법으로 이행할 수 있다. 그러나 이 헌법에서 투표권을 가질 수 있는 것은, 즉 단순한 국가의 일원Staatsgenosse이 아니라 국민Staatsbürger이 될 수 있는 것은 평등한 권리를 가지는 모든 자가 아니다. 이들은 자연적 자유와 평등의 법칙에 따라 다른 모든 사람에 의하여 국가의 수동적 부분으로 취급되기를 요구할 수 있는데, 이로부터는 능동적 구성원으로서 국가를 직접 운영하고 조직하거나 입법에 참여할 권리가 도출되지 않기 때문이다. 이로부터 도출되는 것은, 능동적 구성원들이 투표하는 실정법률이 어떠한 종류의 것이든, 이 법률은 이와 같은 수동적 상태에서 벗어나 능동적 상태로 이행할 수 있는 모든 국민의 자유 및 이에 상응하는 평등의 자연적 법칙에 위배되지 않는다는 것뿐이다.

§ 47.

위 세 개의 국가권력은 모두 존엄한 것이고, 국가 일반의 이념으로부터 건국(Constitution)을 위하여 필연적으로 도출되는 본질적 권력으로서, 국가의 존엄이다. 이 권력들은 (자유의 법칙에 따라 고찰할 때, 결합된 국민 그 자체일 수밖에 없는) 일반적 원수Oberhaupt와 신민으로서의 개별적 국민의 관계, 즉 명령하는 자(imperans)와 복종하는 자(subditus)의 관계를 포함한다. - 그러나 국민 전체가 국가로 조직되는 행위는, 즉 국가의 정당성의 판단 기준이 될 수 있는 국가의 이념은, 시원적 계약이다. 이 계약에 의하여 모든(omnes et singuli) 국민은 그 외적 자유를 포기하고, 공동체, 즉 국가로 간주되는 국민 전체(universi)의 구성원으로서 그 자유를 즉시 되찾는 것이다. 국가, 즉 국가 내의 인간은 그의 천부적인 외적 자유의 일부를 어떤 목적을 위하여 희생한 것이 아니라, 야만적, 무법적 자유를 완전히 포기하고, 법률적 종속상태, 즉 법적 상태에서 자신의 자유를 손실 없이 되찾은 것이다. 이와 같은 종속은 그 자신의 입법 의지에서 유래하기 때문이다.

§ 48.

따라서 세 개의 국가권력은 첫째, 그에 상응하는 도덕적 인격들로서, 상호 동렬에 있다 (potestates coordinatae). 즉 하나의 권력은 국가조직의 완전성을 위하여 다른 권력의 보완재(complementum ad sufficientiam)가 되는 것이다. 그러나 둘째, 서로 상하관계에(subordinatae) 있기도 하므로, 하나의 권력은 그것이 보조하는 다른 권력의 기능을 동시에 찬탈할 수 없고, 그 자신의 원리를 가진다. 즉 하나의 권력은 특별기관의 성격에서 명령을 하지만, 상급기관의 의사를 조건으로 명령하는 것이다. 셋째, 두 권력의 결합에 의하여 각 신민에게는 그의 권리가 부여된다.

이 권력들에 관하여는, 그 존엄성에서 볼 때, 다음과 같이 말할 수 있다. 외적인 나의 것과 너의 것에 관한 한, 입법자(legislatoris)의 의사는 비난할 수 없고 (irreprehensibel), 최고명령권자(summi iudicis)의 집행능력은 저항할 수 없으며 (irresistibel), 최고재판관(supremi iudicis)의 판결은 변경할 수 없다 (inappellabel).

§ 49.

국가의 군주(rex, princeps)는 집행권(potestas executoria)이 귀속되는 (도

덕적 또는 물리적) 인격이다. 즉 관리를 임명하고, 모든 국민이 법률에 따라 (사건을 법률에 포섭함으로써) 어떤 것을 취득하거나 자신의 것을 보존할 수 있도록 국민에게 규칙을 제시하는 국가의 대표자이다. 도덕적 인격으로 볼 때, 그는 지도부, 즉 정부이다. 국민, 국가행정(gubernatio)의 책임을 지는 관리와 그 상관(장관)에 대한 그의 하명은 (법률이 아니라) 명령, 즉 시행령이다. 명령은 특별한 사안에 대한 결정에 해당하며, 가변적인 것으로서 제정되기 때문이다. 이와 동시에 법률까지 제정하는 정부는 애국적 정부와 달리 전제적 정부라고 할 수 있다. 그러나 애국적 정부는 아버지 같은 정부(regimen paternale), 즉 모든 정부 중에서 가장 전제적인 (시민을 자식 취급하는) 정부가 아니라, 조국의 정부(regimen civitatis et patriae, 시민과 조국의 정부)를 의미한다. 여기에서 국가(civitas)는 그 신민을 가족 구성원처럼 취급하지만, 동시에 국민으로서, 즉 그들 자신의 독립성의 법칙에 따라 대우하며, 각자는 자기 자신을 점유하고 그와 동렬에 있거나 그보다 상위에 있는 타인의 절대적 의지에 종속되지 않는다.

따라서 국민의 지배자(입법자)는 군주를 겸할 수 없다. 군주는 법률 아래에 있고, 따라서 법률에 의하여 타인, 즉 주권자로부터 의무를 부과받기 때문이다. 입법자는 군주의 권력을 박탈하고 군주를 파면하거나 그 행정을 개혁할 수 있지만, 군주를 처벌할 수 없다 (다음과 같은 영국의 격언이 이를 의미한다: 군주, 즉 최고집행권은 불법을 행할 수 없다). 그것은 다시 집행권의 작용이 되는데, 이 집행권에는 법률에 따라 강제할 수 있는 능력이 최우선적으로 귀속되지만 그 자체는 강제에 예속되지 않기 때문이다. 이것은 자기 모순이다.

끝으로, 지배자Staatsherrscher와 통치자는 재판을 행할 수 없고 법관을 관리로서 임명할 수 있을 뿐이다. 국민은 공동시민Mitbürger 중에서 자유선거에 의하여 국민의 대표자로서 각 재판을 위하여 특히 선출되는 자를 통하여 자기 자신을 재판한다. 재판(판결)은 국가관리자(법관 또는 법원)가 신민에게 행하는 공적 정의(iustitiae distributivae, 분배적 정의)의 개별적 작용이기 때문이다. 국민에 속하는 신민에게는 자신에게 자신의 것을 인정(분배)할 수 있는 권력이 없다. 국민 각자가 이와 같은 사정에 따라 (공권력에 대하여) 수동적일 수밖에 없다면, 위 두 개의 권력은 각자에게 그의 것에 대하여 분쟁이 있는 경우에 신민에 대하여 결정함에 있어 그에게 불법을 행할 수 있기 때문이다. 국민 자체는 이와 같은 불법을 행하지 않고 공동시민에 대하여 책임이 있는지 없는지를 판결할 것이기 때문이다. 법원은 소송사건에서 범죄를 규명함에 있어 법률을 적용하여야 하고, 사법권은 집행권을 통하여 각자에게 그의 것이 분배되게 하여야 한다. 따라서 국민만이 자신이 파견한 대표자(Jury, 배심원)를 통하여 국민 각자에 대하여, 간접적이라도, 재판을 할 수 있다. – 법관의 역할을 하는 것, 즉 불법을 행하고 상소(a rege male informato ad regem melius informandum, 잘 모르는 군주에서 더 잘 아는 군주에게) 사건에 연루되는 것은 국가원수의 존엄하에서도 있을 수 있다.

따라서 세 개의 서로 다른 권력(potestas legislatoria, executoria, iudiciaria)을 통하여 국가(civitas)는 자율성을 가지며, 자기 자신을 자유의 법칙에 따라 구성하고 유지한다. – 국가의 안녕은 이들의 화합에 있다(salus reipublicae suprema lex est, 국가의 안녕이 최고의 법이다). 여기에서 국가의 안녕은 국민의 복리와 행복을 의미하는 것이 아니다. 후자는 (루소 Rousseau도 주장하는 것처럼) 자연상태에서 또는 전제적 정부에서 훨씬 더 간단하고 뜻에 맞게 실현될 수 있기 때문이다. 국가의 안녕은 오히려 헌법과 법원리가 최대한 합치하는 상태를 의미하며, 이성은 정언명령을 통하여 우리에게 이를 실현하기 위하여 노력할 의무를 부과하고 있다.

시민적 결합의 본성에서 유래하는 법적 효과에 관한 일반적 논평

A.

최고권력의 연원은 그 아래에 있는 국민이 실천적 의도로 탐

구할 수 있는 것이 아니다. 즉 신민은 이 연원에 대하여, 즉 그에 대한 복종 의무와 관련하여 여전히 논란이 되고 있는 법(ius controversum)에 대하여, 궤변을 일삼아서는 안 된다. 최고의 국가권력(summum imperium)에 대하여 확정적으로 판단하려면, 국민은 이미 일반적 입법의지로 통합된 것으로 간주되어야 하므로, 국민은 현재의 국가원수(summus imperans)가 판단하려고 하는 것과 다르게 판단할 수 없고 하여서도 안 되기 때문이다. - 시원적으로 현재의 국가원수에 대한 실제적 복종계약(pactum subiectionis civilis)이 사실로서 선행하였는지, 권력이 선행하고 법률이 그 후에 제정되었는지, 아니면 이 순서에서도 연속되어야 하였는지 여부는 이미 시민적 법률하에 있는 국민에게는 전혀 무의미하고 국가를 위태롭게 하는 궤변이다. 법률의 연원을 찾아낸 신민이 현재의 지배적 권위에 저항하려고 한다면, 그는 그 권위의 법률에 따라, 즉 합법적으로 처벌, 제거 또는 (법률의 보호를 받지 못하는 자로서, exlex) 추방될 것이기 때문이다. - 법률은 신성(불가침)한 것이므로, 법률을 실천적으로 의심하는 것, 즉 그 효력을 잠시 정지시키는 것도 이미 범죄가 된다. 법률은 인간으로부터 나오는 것이 아니라, 흠결 없는 최고의 입법자로부터 나와야 하는 것처럼 여겨진다. 이것이 "모든 권력은 신으로부터 나온다"는 격언의 의미이다. 이 격언이 말하고 있는 것은 시민적 헌법의 역사적 기원이 아니라, 실천적 이성원리로서의 이념이다. 즉 그 연원이 무엇이든, 현존하는 입법권에 복종하여야 한다는 것이다.

이로부터 다음과 같은 명제가 나온다: 국가의 지배자는 신민에 대하여 권리만을 가지며 어떠한 (강제적) 의무도 지지 않는다. – 또한 지배자의 기관, 즉 군주가 법률에 반하여 불법을 행하더라도, 예컨대 과세, 징병 등에서 평등원칙에 반하여 국가부담을 분배하더라도, 신민은 이 부정의에 대하여 진정(gravamina)을 할 수 있지만 저항은 할 수 없다.

최고명령권자가 헌법을 위반하는 경우에 국가권력이 그에게 저항할 수 있게 하는, 즉 그를 제한할 수 있게 하는 조항은 헌법에도 포함될 수 없다. 국가권력을 제한하여야 하는 자는 제한을 받는 자보다 더 많은 권력을 가지거나 적어도 그와 같은 권력을 가져야 하며, 신민에게 저항을 명하는 적법한 명령자로서 신민을 보호할 수 있어야 하고, 당해 사건에 대하여 확정적으로 판단할 수 있어야 하며, 공개적으로 저항을 명할 수 있어야 하기 때문이다. 그러나 최고명령권자는 제한을 받는 자가 아니라 제한하는 자이다. 이는 자기모순이다. 주권자는 자신의 장관을 통하여 동시에 군주로서, 즉 전제적으로 행동한다. (국민은 본래 입법권만을 가지므로) 국민에게 그 대의원을 통하여 제한권을 표상하게 한다는 환상은 장관이 이용하는 수단에서 전제Despotie가 드러나지 않게 이를 은폐할 수 없다. (의회에서) 국민을 대표하는 대의원들은 국민의 자유와 권리의 보증인이다. 이들 중에는 자신과 가족 및 가족의 가족을 위하여 장관에 종속되어 있는 그들의 육군, 해군, 문관 생활에 강한 관심을 가지고 있는 사람들이 있다. 또한 (정부의 월권에 대한 저항의 선포는 이미 준비된 국민적 합의를 필요로 하지만 평화시에는 그것이 허용될 수 없으므로, 저항 대신에) 언제나 정부와 결탁하려고 하는 사람들이 있다. – 따라서 이른바 중용의 헌법, 즉 국가의 대내적 권리의 헌법은 무의미한 것이고, 법에 속하는 것이 아니라 지혜의 원리Klugheitsprinzip에 지나지 않는 것이다. 즉 그것은 국민의 권리를 침해하는 강력한 범법자가 정부에 대하여 미치는 자의적 영향을 최대한 저지하기 위한 것이 아니라, 국민에게 항쟁을 허용하는 것으로 호도하기 위한 것이다.

따라서 입법권을 가진 국가원수에 대한 국민의 적법한 저항은 존재하지 않는다. 국가원수의 일반적 입법의지에 복종함으로써만 법적 상태가 가능하기 때문이다. 따라서 반란(seditio)의 권리, 내란(rebellio)의 권리, 개인(군주)으로서의 국가원수에 대하여 권력남용(tyrannis)을 구실로 그의 신체와 생명에 해를 가할 권리(monarchomachismus sub specie tyrannicidii)는 존재하지 않는다. 이를 위한 최소한의 시도는 내란음모(proditio eminens)이고, 이와 같은 종류의 역적은 자신의 조국을 죽이려고 시도하는 것(parricida)으로서 사형보다 경미한 형에 처해질 수 없다. – 수인할 수 없는 최고권력의 남용까지 수인하여야 할 국민의 의무의 근거는 다음과 같다: 최고입법에 대한 국민의 저항은 법률에 반하는 것, 즉 법률적 구성 전체를 절멸

하는 것으로 간주되어야 한다. 이와 같은 저항을 행할 수 있기 위하여는 이와 같은 국민의 저항을 허용하는 공법이 존재하여야 하기 때문이다. 즉 최고입법이 자신의 최고입법성을 부정하고 하나의 동일한 판단에서 신민으로서의 국민을 그가 예속되어 있는 자보다 상위의 주권자로 만드는 규정을 포함하고 있어야 하기 때문이다. 이것은 자기모순이고, 여기에서 국민과 주권자 사이의 이와 같은 분쟁에서는 누가 법관이 되어야 하는지의 문제를 통하여 모순이 곧 드러난다 (법적으로 볼 때 양자는 언제나 서로 다른 두 개의 도덕적 인격이기 때문이다). 여기에서 알 수 있는 것은, 국민은 자신의 사건에 대하여 법관이 되려고 한다는 것이다.*)

---

*) 군주의 퇴위는 자발적 탈관과 권력 포기 및 권력의 대국민적 반환으로 여겨질 수도 있고, 최고인격에 대한 모독 없이 행해진 퇴위로서 그가 사인의 신분으로 전환되는 것으로 여겨질 수도 있다. 이 때문에 퇴위를 강요한 국민의 범죄는 적어도 긴급권(casus necessitatis, 긴급사태)을 빙자할 수 있지만, 과거의 행정을 이유로 군주, 즉 국가원수를 처벌할 수 있는 최소한의 권리를 가지는 것은 아니다: 군주가 과거에 원수의 자격으로 행한 것은 모두 외견상 적법하게 행해진 것으로 간주되어야 하고, 군주 자체는 법률의 근원으로서 불법을 행할 수 없기 때문이다. 내란에 의한 국가 전복의 모든 만행 중에서 군주 살해가 최악인 것도 아니다. 그것은, 군주가 연명한다면 다시 분기하여 국민을 그에 상응하는 형벌에 처할 수 있다는 두려움에서 국민이 행하는 것이므로, 형벌의 정의를 실현하기 위한 처분이 아니라 자기보존을 위한 처분이라고 생각할 수도 있기 때문이다. 인권의 이념으로 충일한 영혼을 전율로써 엄습하는 것은 사형 집행 절차이다. 이 전율은, 찰스Karl 1세나 루이Ludwig 16세의 운명과 같이, 이 장면을 생각할 때마다 계속 느끼게 된다. 그러나 우리는 이와 같은 느낌을 어떻게 설명하는가? 여기에

따라서 (불법적) 국가체제Staatsverfassung의 변경은, 가끔 필요하더라도, 국민에 의하여, 즉 혁명을 통하여 행해질 수 없고 주권자 자신에 의하여만 개혁을 통하여 행해질 수 있으며, 개혁이 행해진다면 집행권에 대하여만 행해질 수 있고 입법권에 대하여는 행해질

서 이 느낌은 미적 감각(공감, 수난자의 입장이 되는 상상력의 작용)이 아니라 도덕적 감정, 즉 모든 법개념이 완전히 전복된 것 같은 느낌이다. 그것은 영원히 구제될 수 없는 범죄(crimen immortale, inexpiabile)로 판단되며, 신학자들이 이승과 저승 어디에서도 용서받을 수 없는 죄악이라고 부르는 것과 유사한 것 같다. 이와 같은 인간의 정서적 현상에 대한 설명은 국가법의 원리까지 조명하는, 다음과 같은 자기 성찰에서 나올 것이다.

모든 법률위반은 (그와 같은 악행을 규칙으로 하는) 범법자의 준칙에서 유래하는 것으로 설명될 수 있고 되어야 한다. 어떤 사람이 감각적 충동에 이끌려 범행을 저지른다면, 그것은 그가 자유로운 존재로서 행한 것이 아니므로 그에게 귀속될 수 없기 때문이다. 그러나 그 주체가 어떻게 입법 이성의 명백한 금지에 반하여 그와 같은 준칙을 채택할 수 있는지에 대하여는 설명이 불가능하다. 자연의 메커니즘Mechanism에 따르는 사건에 대하여만 설명이 가능하기 때문이다. 범법자는 (보편타당한 것으로서) 승인된 객관적 규칙의 준칙에 따라, 또는 규칙의 예외(경우에 따라 이로부터 제외되는 것)로서 범행을 저지를 수 있다. 후자의 경우에 그는 (고의적이더라도) 법률에서 일탈하는 것에 지나지 않는다. 그는 자신의 범법을 꺼려하여 정식으로 법률 불복종을 선언하지 않고 법률을 회피하려고만 할 수도 있다. 그러나 전자의 경우에 범법자는 그의 이성에 의하여 그 효력을 부정할 수 없는 법률의 권위 자체를 배격하고, 법률에 반하여 행동하는 것을 규칙으로 삼는다. 따라서 그의 준칙은 법률에 대하여 우회적으로 (소극적으로, negative) 대립하는 것이 아니라 파괴적으로 (대조적으로, contrarie) 또는, 우리가 대척적이라고 표현

수 없다. – 그러나 법률상 국민이 (의회에서) 그 대표자를 통하여 집행권 및 그 대표자(장관)에게 저항할 수 있는 국가체제에서 – 이를 제한된 체제라고 한다 –, (정부에 대하여 일정한 행위 절차를 강제하는, 즉 집행권의 작용까지 행하는 국민의 자의적 결합의) 적극적 저항은 허용되지 않고, 소극적 저항, 즉 (의회에서의) 국민의 거부만이 허용된다. 즉 국가행정을 위하여 필요한 정부제출안에서 정부에 불응하는 소극적 저

하는 바와 같이, 모순으로서 (적대적인 것처럼) 대립하는 것이다. 주지하다시피, 그와 같은 (전혀 무익한) 절차적 악의의 범죄를 행하는 것은 인간에게 불가능한 것이고, (극악한 생각에 불과한 것이더라도) 도덕체계에서 묵인될 수 없는 것이다.

따라서 국민에 의한 군주의 사형 집행 절차를 생각할 때마다 전율하게 되는 이유는 다음과 같다. 즉 살인은 국민이 행위준칙으로 만든 규칙에 대한 예외로서만 고려되어야 하지만, 사형 집행은 주권자와 국민(국민을 주권자의 지배자로 만드는 주권자의 입법 덕분에 생존하고 있는 국민)의 관계에 대한 원리를 완전히 전복하는 것으로 간주되어야 한다는 점, 폭력이 감행되고 가장 신성한 법에 우선하는 원칙으로 제고되고 있다는 점, 이것은 모든 것을 한꺼번에 삼켜버리는 심연과 같이 국가적 자살행위로서 속죄 불가능한 범죄라는 점이다. 그 이유는 다음과 같다. 즉 그와 같은 사형 집행에 대한 동의는 사실 추정적 법원리에 근거한 것이 아니라 장차 부활하게 될 국가의 대국민적 보복에 대한 두려움에 근거한 것이고, 그 범행을 형사처벌, 즉 법적 절차(이것은 살인이 되지 않을 것이다)로 위장하기 위하여 그와 같은 절차가 진행되었기 때문이다. 그러나 그와 같은 위장은 실패작이다. 그와 같은 국민의 찬탈은 전복된 국가의 재건까지 불가능하게 만드는 원칙을 포함하고 있으므로 살인보다 더 사악한 것이기 때문이다.

항만이 허용된다. 의회에서 국민이 언제나 정부의 요구에 응한다면, 그것은, 국민은 타락하여 있고, 그 대표자들은 매수되어 있으며, 정부의 수반은 장관을 통하여 전제하고 있고, 장관은 국민을 배신하고 있다는 확실한 징표가 될 것이다.

게다가, 혁명이 일단 성공하여 새로운 체제가 건설된다면, 신민은 혁명의 시작 및 완성의 불법성을 이유로 선량한 국민으로서 사물의 신질서에 복종할 의무로부터 해방될 수 없다. 신민은 현재 권력을 가지고 있는 자의 정부에 충실히 복종할 것을 거부할 수 없다. (혁명에서 살아남은) 퇴위 군주는, 비밀리에 추진된 반혁명에 의하여든 다른 세력의 지원에 의하여든, 왕위 요구자로서 국가 회복의 모험을 감행하기 위하여 국가에서 물러나는 위험보다 국민의 지위로 물러나 자신과 국가의 안정을 택한다면, 과거의 직무집행으로 인하여 추궁을 당하거나 처벌을 받지 않는다. 그러나 그가 위험을 택한다면, 그의 재산을 찬탈한 반란은 부당한 것이었으므로, 그는 그에 대한 권리를 주장할 수 있다. 그러나 다른 세력들이, 국민에 의하여 행해진 이 범죄를 처벌하고 모든 국가에게 추문으로 남겨두기 위하여, 이 비운의 원수를 지원하기 위하여 국가동맹을 결성할 권리를 가지는지, 즉 다른 국가에서 혁명에 의하여 실현된 체제를 폭력으로써 구체제로 되돌릴 수 있는 권능과 자격을 가지는지 여부는 국제법에 속하는 문제이다.

B.

지배자는 (토지의) 최고소유권자인가, 아니면 국민과의 관계에서 법률에 의한 최고명령권자일 뿐인가? 토지는 외적 물건을 자신의 것으로 소유하는 것이 가능한 최상의 전제조건이고, 그 물건의 점유 및 사용은 취득 가능한 최초의 권리를 형성한다. 따라서 그와 같은 모든 권리는 주권자, 즉 영주, 더 적절히 말하자면 최고소유권자(dominus territorii)로부터 파생되어야 한다. 국민도 신민의 집단으로서 주권자에게 속하지만 (국민은 주권자의 국민이다), (물권에 따른) 소유권자로서의 주권자에게 속하는 것이 아니라, (대인적 권리에 따른) 최고명령권자로서의 주권자에게 속한다. – 그러나 이 최고소유권은 시민적 결합의 이념에 지나지 않는다. 즉 그것은 개별적 소유권을 규정하기 위하여 한 사람의 공적인 일반적 소유자 하에 있는 모든 국민의 사적 소유권의 필연적 결합을 (부분에서 전체로 경험적으로 나아가는) 응집Aggregation의 원칙에 따라 표현한 것이 아니라, 필연적인 형식적 분류(토지 분할)의 원리에 따라 법적 개념에 의하여 이해하기 쉽게 표현한 것이다. 이에 따르면 최고소유권자는 어떠한 토지에 대하여도 사적 소유권을 가질 수 없고 (그렇지 않다면 그는 사인私人이 되기 때문이다), 토지에 대한 사적 소유권은 국민에게만 귀속된다 (정확히 말하자면 집단적 귀속이 아니라 분배적 귀속이다). 그러나 토지에 대한 사적 소유가 행해지지 않는 피지배 유목민은 여기에서 제외되어야 한다. – 따라서 최고명령권자는 영토, 즉 사적 이용(궁정의 유지)을 위한 영지를 소유할 수 없다. 그렇지 않다면 영토의 범위가 그 자신의 판단에 따라 달라지므로, 국가는 모든 토지소유권이 정부에 속한다고 보고, 모든 신민을 토지 농노(glebae adscripti) 및 타인의 소유물의 점유자, 따라서 모든 자유가 박탈된 자(노예, servi)로 간주할 위험에 처하기 때문이다. – 영주에 대하여는 다음과 같이 말할 수 있다: 영주는 자기 자신 외에 아무것도 (자신의 것으로) 소유하지 않는다. 영주가 국가에서 타인과 동시에 어떤 것을 소유한다면, 이 자와의 분쟁이 발생할 수 있는데 이를 중재할 법관은 없기 때문이다. 그러나 다음과 같이 말할 수도 있다: 영주는 모든 것을 소유한다. 모든 외적 물건이 (분할되어, divisim) 귀속되는 국민에 대하여 영주는 (각자에게 그의 것을 분배할 수 있는) 명령권자의 권리를 가지고 있기 때문이다.

이로부터 다음과 같은 결론이 나온다: 법령에 따라 소유자로서 토지를 독점적으로 이용하기 위하여 후세대에 (영원히) 전승할 수 있는 국내 단체, 신분 및 교단은 존재할 수 없다. 생존하는 자들에 대한 보상이 전제되지만, 국가는 언제든지 그와 같은 법령을 폐지할 수 있다. (단체, 또는 저명인사 위주의 고위층으로서의) 기사단, 교회라는 성직자들의 교단이 그들에게 부여된 이와 같은 특권을 통하여 취득할 수 있는 것은 후계자에게 물려줄 수 있는 토지소유권이 아니라 잠정적 토지이용이다. 재정 악화를 이유로 여론이 전쟁 상훈을 통하여 국방에 대한 무관심으로부터 국가를 수호하는 것을 종식시켰거나, 영원히 꺼지지 않는 불로부터 국민을 보호하기 위하여 예배, 기도 및 사제들을 통하여 이들을 독려하는 것을 종식시켰다면, 기사단의 관할구역과 교회의 재산은 즉시 (전술한 바와 같은 조건하에서) 폐지될 수 있다. 여기에서 이렇게 개혁의 대상이 되는 자들은 그들의 소유권이 박탈되는 것에 대하여 이의를 제기할 수 없다. 그때까지의 그들의 점유의 근거는 오직 여론에 있었고, 여론이 지속되는 한 타당할 수밖에 없었기 때문이다. 그러나 여론이 소멸하자마자, 즉 공적에 의한 점유 관리를 강력히 요구하는 자들의 판단만으로도, 마치 국가에 대하여 이를 상소(a rege male informato ad regem melius informandum) 한 것처럼, 추정적 소유권은 소멸할 수밖에 없었다.

이렇게 시원적으로 취득된 토지소유권에 의거하여 최고소유권자(영주)로서의 최고명령권자는 토지의 사적 소유자에게 과세할 권리, 즉 토지세, 인두세 및 관세를 통하여 조세를 요구하거나 복무(현역병의 지위가 이와 같다)를 요구할 권리를 가진다. 그러나 이는 국민이 자기 자신에게 과세하는 것이다. 이것이 이 경우에 법원칙 Rechtsgesetze에 따라 처리하는 유일한 방식이고, 그것이 국민의 대의원단에 의하여 행해질 때에는, 예컨대 국가가 해체의 위험에 처한 경우에, 대권에 의한 (기존의 법률과 다른) 강제 모금으로서도 허용되기 때문이다.

국가경제권, 재정권 및 경찰권도 이에 근거한 것이다. 이 중에서 경찰은 공공의 안전, 안녕 및 풍속을 담당한다 (풍속에 대한 감각(sensus decori, 미적 감각)은 소극적 취향으로서 구걸, 가두 소음, 악취, 공연음란(venus volgivaga), 즉 도덕적 감각의 침해에 의하여 둔감해지지 않는다는 것이 법률을 통하여 국민을 계도하는 정부의 업무를 매우 용이하게 하기 때문이다).

국가의 유지에 해당하는 세 번째 권리는 감찰권(ius inspectionis)이다. 즉 사회의 공공복리(publicum)에 영향을 미칠 수 있는 관계는 (국가적 또는 종교적 계명결사Illuminaten에 의하여) 국가에게 은폐될 수 없고, 경찰이 요구하는 경우에 그 조직의 공개를 거부할 수 없다. 그러나 각자의 사적 주거에 대한 수색권은 긴급상황에서만 경찰에 허용되고, 이를 위하여 경찰은 각각의 경우에 상급기관을 통하여 권한을 부여받아야 한다.

C.

최고명령권자에게는 간접적으로, 즉 국민의 의무의 인수인으로서, 자신의 (국민의) 유지를 위하여 국민에게 조세를 부과할 권리가 인정된다. 예컨대 빈민구호시설, 고아원, 교회, 기타 자선재단 또는 복지재단이 이에 해당한다.

즉 일반적 국민의지는 영원히 유지되어야 하는 사회로 결합되었고, 이 목적을 위하여, 자기 보존 능력이 없는 이 사회의 구성원들을 유지하기 위하여, 대내적 국가권력에 복종한 것이다. 따라서 정부는 국가를 위하여 재력이 있는 자들에게, 가장 필수적인 자연적 욕구조차 충족시킬 수 없는 자들을 유지하기 위한 수단을 제공할 것을 강제할 수 있다. 재력이 있는 자들의 존재는 동시에 공동체의 보호 및 그들의 생존에 필요한 사전배려에 승복하는 행위이고, 그들은 이에 대하여 의무를 지며, 이에 근거하여 국가는 그들의 공동시민을 유지하기 위하여 그들의 것을 갹출할 권리를 가지기 때문이다. 이것은 국민의 재산이나 상거래에 대한 과세를 통하여 또는 조성된 기금과 그 이자를 통하여 행해질 수 있으며, (국가는 부유하므로) 국가의 수요를 위하여가 아니라 국민의 수요를 위하여 행해질 수 있지만, 자발적 기여를 통하여만 행해질 수 있는 것이 아니라 (여기에서는 국민에 대한 국가의 권리만이 언급되기 때문이다) 강제로 국세로서 행해질 수도 있다. 자발적 기여에는 (그렇지 않은 경우보다 더 많은 빈민과 공공재산을 위협하는 자를 초래하기 때문에 허용되지 않아야 하는 복권처럼) 이익을 추구하는 것도 있다. 여기에서 제기되는 문제는, 각 시대가 그 시대의 빈민을 부양하기 위하여 빈민구제가 당대의 기여를 통하여 행해져야 하는지, 아니면 적립금 및 (과부원, 요양원 등과 같은) 복지재단을 통하여 행해져야 하는지, 즉 그것이 약탈 같은 구걸을 통하여 행해지지 않고 법률에 의한 과세를 통하여 행해져야 하는지 여부이다.

– 전자의 명령이 살아 있는 자는 아무도 피할 수 없는, 국가의 권리에 적합한 유일한 것으로 간주되어야 한다. 그것은 (복지재단의 지원처럼), 빈민의 수와 함께 증가하더라도, 빈곤을 나태한 자의 생계수단으로 만들지 않을 것이며 정부에 의한 부당한 민폐가 되지 않을 것이기 때문이다.

빈곤 또는 수치심으로 인하여 유기되거나 살해되는 아동의 부양에 관한 한, 국가는 국민에게 바람직하지는 않지만 이와 같은 국부의 증가를 고의적으로 사라지게 하지 않을 의무를 부과할 권리를 가진다. 그러나 이것이 (재력이 있는 독신자로 이해되는) 독신남녀, 즉 이에 대하여 일부 책임이 있는 독신남녀에 대한 과세를 통하여 행해질 수 있는지, 이를 위하여 설립된 고아원을 통하여 행해질 수 있는지, 아니면 다른 방식으로 적법하게 행해질 수 있는지 여부는 (그러나 이를 예방할 수 있는 다른 수단은 거의 없는 것 같다), 법이나 도덕성에 위배되지 않고는, 지금까지 해결되지 않은 과제이다.

또한 교회는 시민적 권력의 영향권에서 완전히 벗어나 있는 내면적 신념으로서의 종교와 신중히 구별되어야 하며 (국민을 위한 공공예배시설로서 이것도, 추측이든 신념이든, 국민에서 유래한다), 보이지 않는 최고권력의 신민으로도 여겨지는 진정한 국가필수시설이 된다. 신민은 보이지 않는 최고권력에 충성하여야 하며, 이 최고권력은 종종

시민적 권력과 매우 불평등한 논쟁을 벌일 수 있다. 그러므로 국가에게는 예컨대 교회 내부의 헌법을 제정할 권리, 자신의 마음에 드는 교회를 자신의 뜻에 따라 설립할 권리, 국민에게 신앙과 예배형식(ritus)을 지시하거나 명령할 권리가 인정되지 않는다 (이것은 전적으로 국민이 선출한 신학자와 사제에게 위임되어야 하기 때문이다). 국가는 공적인 학자가 보이는 정치적 공동체에 미치는, 공공의 안녕에 해가 될 수 있는 영향을 방지할 소극적 권리, 즉 교회 내부의 분쟁 또는 서로 다른 교회 사이의 분쟁에서 시민적 화합이 위험에 처하지 않게 할 소극적 권리만을 가진다. 따라서 이 권리는 경찰권이다. 교회는 어떠한 신앙을 가져야 한다는 것, 또는 교회는 신앙을 변함없이 유지하고 스스로 개혁하지 않아야 한다는 것은 공권력의 개입이다. 이와 같은 개입은 공권력의 존엄에 부합하지 않는다. 학문적 논쟁으로서 이 경우에 공권력은 신민과 평등한 지위에 서게 되고 (군주는 성직자가 되고), 신민은 공권력이 이에 대하여, 특히 후자, 즉 내부 개혁의 금지에 관한 한 아무것도 모른다고 직설적으로 말할 수 있기 때문이다. – 국민 전체가 자기 자신에 대하여 결정할 수 없는 것은 입법자도 국민에 대하여 결정할 수 없기 때문이다. 그러나 어떠한 국민도 신앙에 관한 (계몽의) 인식의 발전을 포기할 수 없고, 교회에 관하여도 개혁을 포기할 수 없다. 이것은 국민 자신의 인격에 내재하는 인간성, 즉 국민이 가지는 최상의 권리에 반하기 때문이다. 따라서 어떠한 공권력도 국민에 대하여 이를 결정할 수 없다. – 그러나 교회 유지 비용에 관한 한, 이것은 위와 같은 이유에서 국가의 부담이 될 수 없고, 그 신앙을 고백하는 국민들, 즉 신도의 부담이 되어야 한다.

D.

국가의 최고명령권자의 권리는 1) 관직, 즉 급여와 결합된 직무집행의 분배, 2) 급여 없는 지위 승격, 즉 하급자(공법에 의하여만 의무를 지는 자유인이지만, 상급자에게 복종하도록 사전에 결정되어 있는 자)에 대한 상급자(명령권자)의 지위 수여로서 오로지 명예에 기초한 작위의 분배 및 3) 이와 같은 (각각의 시혜적) 권리 외에 형벌권에도 미친다.

시민적 관직에 관한 한, 여기에서 다음과 같은 문제가 제기된다: 주권자는 자신이 관직을 부여한 자로부터 (이 자의 범죄가 없더라도) 자신의 판단에 따라 이를 다시 박탈할 권리를 가지는가? 그렇지 않다! 국민의 결합된 의지가 자신의 시민적 공무원에 대하여 결정하지 않을 것은 국가원수도 그에 대하여 결정할 수 없기 때문이다. (공무원 임명으로 인하여 자신에게 발생하는 비용을 부담하여야 하는) 국민은 확실히 공무원이 그에게 부과된 직무를 충분히 감당할 수 있기를 원한다. 그러나 이것은 충분한 시간을 거쳐 계속되는 그의 준비와 학습을 통하여만 실현될 수 있고, 이로 인하여 그는 생계수단으로서 다른 업무를 습득하기 위하여 활용할 수 있는 시간을 할애하여야 한다. 관직은 일반적으로 이에 필요한 기량 및 실습을 통하여 습득된 성숙한 판단력을 갖추지 못한 사람들에게 수여되기도 한다. 그러나 이는 국가의 의도에 반하는 것이다. 국가의 의도에 부합하기 위하여는, 모든 공무원이 낮은 관직에서 높은 관직으로 승진할 수 있어야 하고 (그렇지 않다면 고위 관직은 부적격자들의 수중에 들어갈 것이다), 종신 급여도 기대할 수 있어야 한다.

작위에 관한 한, 관직을 수반하는 작위만이 아니라 특별한 공적이 없더라도 그 소유자를 고위 신분의 구성원으로 만드는 작위도 귀족이다. 귀족은 국민이 속하는 시민계급과 달리 남성 후손에게 세습되고 이들을 통하여 비귀족 출신의 여성에게도 승계되지만, 이와 반대로 귀족 출신의 여성은 비귀족 출신의 남편에게 이 지위를 분배하지 못하고 (국민의) 시민계급으로 전락한다. – 문제는 주권자가 귀족계급을 그와 여타 국민 사이의 세습적 중간계급으로 창설할 수 있는지 여부이다. 이 문제에서 관건은, 국민과의 관계에서 선천적 명령권자가 되는 (적어도 특권을 가지는) 신민들의 계급을 국민보다 상위에 두는 것이 주권자에게 또는 국민에게 이익이 되므로 주권자의 책략에 부합하는지 여부가 아니라, 그것이 국민의 권리에 부합하는지 여부일 뿐이다. – 이에 대한 대답은 여기에서 전술한 바와 같이 다음과 같은 원리에서 도출된다: "국민(신민 전체)이 자기 자신 및 동료에 대하여 결정할 수 없는 것은 주권자도 국민에 대하여 결정할 수 없다." 그렇다면 세습 귀족은 공적에 선행하는 계급이고 공적을 바랄 이유도 전혀 없는 계급, 즉 현실성이 전혀 없는 상상물이다. 자연의 섭리에 따르면 국가를 위하여 공을 세울 수 있는 재능과 의지는 천부적인 것도 아니므로, 조상에게 공적이 있었더라도 그는 이것을 후손에게 물려줄 수 없었고, 후손은 언제나 이를 스스로 세워야만 하였기 때문이다. 자신의 자유를 포기하는 것은 어떠한 사람에 의하여도 승낙될 수 없으므로, 일반적 국민의지가 그와 같은 근거 없는 특권에 동의하는 것은 불가능하다. 따라서 주권자도 이를 주장할 수 없다. - 그러나 그와 같은 변칙이 국민 이상, 즉 (세습교수와 같은) 생래적 공무원이 되기를 원하는 신민들에 의하여 구시대의 (거의 완전히 전쟁을 목적으로 한 봉건제도의) 정부기관에 도입되었다면, 국가는 자신이 범한, 위법하게 부여된 세습 특권의 이와 같은 오류를 그 직위의 폐지 및 비임용을 통하여만 점차 다시 개선할 수 있다. 그렇다면 국가는 여론 자체가 주권자, 귀족, 국민의 분류에서 주권자와 국민의 유일한 자연적 분류로 변화할 때까지 잠정적으로 이 작위를 그 칭호에 따라 존속시킬 권리를 가진다.

인간은 적어도 국민의 존엄성을 가지므로, 존엄성이 없는 국민은 있을 수 없다. 다만, 그가 생명을 유지하고 있지만 타인(국가 또는 다른 국민)의 자유의지의 단순한 도구가 되어 범죄를 행함으로써 존엄성을 상실한 경우는 예외이다. 다른 국민의 도구가 된 자는 (그러나 그는 판결과 법에 의하여만 그렇게 될 수 있다) 노예(servus in sensu stricto, 엄격한 의미의 노예)이고 타인의 소유물(dominium)에 속한다. 따라서 타인은 그의 주인(herus)일 뿐만 아니라 그를 물건으로서 양도하고 (악한 목적으로만 아니라면) 임의로 사용하고, 그의 생명과 신체를 처분(처리)할 수는 없더라도, 그의 인력을 처분할 수 있는 소유자(dominus)이기도 하다. 그러나 인격을 포기하는 계약에 의하여 그와 같은 종속의무를 질 수 있는 사람은 아무도 없다. 사람은 인격자로서만 계약을 체결할 수 있기 때문이다. 사람은 도급계약(locatio conductio)에 의하여 (임금, 비용 또는 보호를 위하여) 타인에 대하여 성질상 허용되지만 그 정도가 특정되지 않은 근로 의무를 질 수 있으며, 이를 통하여 노비(subiectus)는 될 수 있지만 노예(servus)는 될 수 없는 것처럼 보인다. 그러나 그것은 잘못된 외관일 뿐이다. 주인이 노비의 인력을 임의로 사용할 수 있다면, 노비는 (사탕수수 섬의 흑인 노예처럼) 죽거나 절망할 때까지 인력을 소모할 수도 있다. 이 노비는 실제로 자신을 그 주인에게 소유물로서 양도한 것이다. 그러나 이것은 불가능하다. – 따라서 인간은, 일용 근로자로서 또는 상주 노비로서, 성질과 정도가 특정된 노동을 위하여만 고용계약을 체결할 수 있다. 후자의 경우에 상주 노비는 주인의 토지를 이용하기 위하여 일당 대신에 그 토지에서 일을 하기도 하고, 그 토지를 독자적으로 이용하기 위하여 임대차계약에 따라 일정한 사용료(차임)를 지급하기도 한다. 그는 이 경우에 그로 인하여 인격을 상실하는 토지 농노(glebae adscriptus)가 되지 않고, 기한부 또는 세습 임대차를 창설할 수 있다. 그가 자신의 범죄로 인하여 노예가 되었더라도, 이와 같은 노예의 신분은 그에게 세습적인 것이 될 수 없다. 그는 이를 자신의 책임으로만 야기하였기 때문이다. 노예의 자녀에 대하여는 그에게 지출된 교육비를 청구하는 것이 불가능하다. 교육은 부모의 절대적 자연의무이고, 부모가 노예였던 경우에는, 노예의 소유와 함께 이들의 의무도 인수한 주인의 자연의무이기 때문이다.

E.
형벌권과 사면권

I.

형벌권은 명령권자가 복종하는 자에 대하여 가지는 권리로서 그의 범죄를 이유로 그에게 고통을 부과하는 권리이다. 따라서 국가의 최상위자는 처벌을 받을 수 없고, 사람들은 그의 지배에서 벗어날 수 있을 뿐이다. – 그 행위자를 국민이 될 수 없게 만드는 공법 위반을 범죄(crimen)라고 하며, 공적 범죄ein öffentliches Verbrechen(crimen publicum)라고도 한다. 따라서 전자(사적 범죄Privatverbrechen)는 민사재판을, 후자는 형사재판을 받게 된다. – 횡령, 즉 거래를 위하여 위탁된 금전이나 물건의 착복, 타인의 목전에서 행해지는 매매 사기는 사적 범죄이다. 이에 반하여 화폐 또는 어음의 위조, 절도, 강도 등은 공적 범죄이다. 이로 인하여 개인뿐만 아니라 공동체도 위험에 처하기 때문이다. – 공적 범죄는 비열한 성향(indolis abiectae)의 공적 범죄와 폭력적 성향(indolis violentiae)의 공적 범죄로 분류될 수 있다.

사법적 형벌(poena forensis)은 자연적 형벌(poena naturalis)과 다르다. 죄악은 자연적 형벌을 통하여 스스로 처벌되고, 입법자는 이 형벌을 고려하지 않는다. 사법적 형벌은 범인 자신이나 시민적 사회를 위하여 다른 선을 촉진하는 수단으로서 부과될 수 없고, 언제나 그가 범죄를 행하였다는 이유로만 그의 의사에 반하여 부과되어야 한다. 인간은 결코 타인의 목적을 위한 수단으로서만 취급될 수 없고 물권의 대상과 혼동될 수 없으며, 사람이 판결에 의하여 시민적 인격을 상실하더라도 그의 생래적 인격은 그와 같은 혼동으로부터 그를 보호하기 때문이다. 그 자신 또는 그의 공동시민을 위하여 이 형벌로부터 약간의 이익을 얻을 것을 생각하기 전에 먼저 그를 처벌하는 것이 가능하여야 한다. 형법은 정언명령이고, "한 사람이 죽는 것이 국민 전체가 타락하는 것보다 낫다"는 위선적 좌우명에 따라 형법이 약속하는 이익을 통하여 형벌감면사유를 찾기 위하여 공리주의Glückseligkeitslehre의 간계로 도피하는 자는 처벌되어야 한다! 정의가 몰락한다면, 인간이 지상에 사는 것은 더 이상 가치를 가지지 못하기 때문이다. – 따라서 사형수가 위험한 실험에 응하여 운좋게 살아남고, 의사는 이를 통하여 공동체에 유익한 새로운 교훈을 얻었다면, 그를 살려두자는 제안에 대하여 우리는 어떻게 생각하여야 하는가? 법원은 이를 제안하는 의사단체를 경멸하며 배척할 것이다. 정의가 어떤 대가에 매도된다면 그것은 더 이상 정의가 아니기 때문이다.

그러나 공적 정의를 원리 및 척도로 삼는 처벌은 어떠한 방식과 어느 정도의 처벌인가? 그것은 바로 (정의의 저울에서 지침의 위치가) 더 이상 어느 한편으로 기울지 않는 상등성Gleichheit의 원리이다. 즉, 네가 다른 국민에게 부당한 해악을 가한다면, 너는 그것을 너 자신에게 가하는 것이다. 네가 그를 비방한다면, 너는 너 자신을 비방하는 것이다. 네가 그의 것을 훔친다면, 너는 너 자신의 것을 훔치는 것이다. 네가 그를 때린다면, 너는 너 자신을 때리는 것이다. 네가 그를 죽인다면, 너는 너 자신을 죽이는 것이다. 그러나 (너의 사적 판단에 의한 것이 아니라) 법원에 의한 동해보복법(ius talionis)만이 형벌의 질과 양을 확실히 제시할 수 있다는 것을 잘 이해하여야 한다. 다른 모든 것은 중심을 잡지 못하고, 다른 동기가 개입되어 순수하고 엄정한 정의의 판결에 부합할 수 없다. – 신분의 차이는 동해보복의 원리를 인정하지 않는 것처럼 보인다. 그러나 이 원리가 철저하게 적용되지는 않더라도, 이 원리는 신분이 높은 자의 감정을 고려하며 언제나 유효하게 작용하고 있을 수 있다. – 예컨대 언어적 명예훼손으로 인한 벌금형은, 돈이 많은 자는 일단 장난으로 이를 행할 수 있으므로, 명예훼손과 비례하지 않는다. 그러나 일방의 명예심을 훼손하는 것은 타방의 교만을 꺾어 버리는 것과 같을 수 있다. 후자가 공개사과뿐만 아니라 판결과 법에 의하여 강제로 신분이 낮은 전자의 손에 입맞춤까지 하여야 하는 경우가 그러하다. 신분이 높은 난폭한 자가 신분이 낮은 무고한 국민을 폭행한 것 때문에 사죄 외에 판결에 의하여 외롭고 힘든 구금 생활을 하여야 하는 경우에도 마찬가지다. 이로써 고통 외에 행위자의 자만심도 타격을 받게 되고 치욕을 통하여 같은 것은 같은 것으로써 호되게 보복을 당하기 때문이다. – 그러나 "네가 그의 것을 훔친다면, 너는 너 자신의 것을 훔치는 것이다"는 무엇을 의미하는가? 절도하는 자는 다른 모든 사람의 소유권을 불안정하게 만든다. 따라서 그는 (응보의 법에 따라) 모든 소유권의 안정성을 박탈당한다. 그는 아무것도 소유하지 못하고 취득할 수 없지만, 생존하려고 한다. 다른 사람들이 그를 부양하지 않는다면, 그것은 불가능하다. 그러나 국가는 이를 무상으로 행하지 않으므로, 그는 국가가 원하는 노동(손수레 일 또는 교도소의 강제노역)을 위하여 국가에게 자신의 인력을 제공하여야 하고, 일정한 기간 또는 건강상태에 따라서는 영원히 노예신분으로 전락하게 된다. – 그러나 그가 사람을 죽였다면, 그는 죽어야 한다. 이 경우에는 정의를 충족시킬 수 있는 대체물이 없다. 고통스러운 생존과 죽음 사이에는 동종성이 없다. 따라서 행위자에 대하여 사법적으로 집행되는 죽음을 통한 응보, 고통에 시달리는 자의 인간성을 괴물로 만들 수 있는 모든 학대로부터 해방되는 죽음을 통한 응보 외에는, 범죄와 응보 사이에 상등성이 없다. – 시민적 사회가 모든 구성원의 합의로 해체되더라도 (예컨대 섬에 살고 있는 국민이 서로 헤어져 전 세계로 흩어지기로 결정하더라도), 감옥에 남아있는 최후의 살인범은 그 전에 처형되어야 할 것이다. 이로써 각자가 그의 행위에 상응하는 것을 받게 되고, 살인죄의 책임이 이 처벌을 주장하지 않은 국민에게 전가되지 않을 것이다. 그렇지 않다면 국민은 이와 같은 정의의 공적 침해에 참여한 자가 될 수 있기 때문이다.

이와 같은 형벌의 등가성은 엄격한 응보법에 따라 행해지는 법관의 사형 선고를 통하여만 실현될 수 있다. 이것은 모든 범인에 대한 사형판결이 (그것이 살인죄가 아니라 죽음으로써만 속죄될 수 있는 다른 국사 범죄에 관한 경우에도) 그에 의하여만 범인의 내면적 사악성에 비례하여 선고된다는 점에서 명백해진다. – 최근의 스코틀랜드 반란에서처럼 (발메리노Balmerino 등과 같이) 이에 가담하였다가 처형당한 자들은 거사를 통하여 스튜어트Stuart가에 대한 의무를 이행한 것일 뿐이라고 생각하였고, 이에 반하여 다른 자들은 개인적 목적을 품고 있었으므로, 최고법원이 "각자는 죽음과 손수레노역형 사이에서 선택의 자유를 가진다"는 판결을 선고하였다면, 나는 다음과 같이 말한다: 정직한 자는 죽음을 선택하지만, 교활한 자는 손수레를 선택한다. 이것이 인지상정이다. 전자는 생명보다 명예를 더 높이 평가하고, 후자는 불명예스러운 삶이 죽음보다 더 낫다고 여기기 때문이다 (animam praeferre pudori. Iuven. 생명은 명예보다 우선한다. 유베날리스.). 전자는 확실히 후자보다 가벼운 처벌을 받을 수 있다. 즉 이들은 모두에 대하여 평등하게 선고된 사형을 통하여 비례적 처벌을 받는 것이다. 전자는 그의 느낌에 따라 관대하게, 후자는 그의 느낌에 따라 혹독하게 처벌을 받는 것이다. 이에 반하여 획일적으로 손수레노역형이 선고된다면, 전자는 너무 가혹하게, 후자는 그 비열함에 비하여 너무 가볍게 처벌받는 것이다. 따라서 여기에서도 음모에 가담한 범인들에 대한 판결에서 공적 정의의 최상의 조정자는 사형이다. – 게다가 살인죄로 사형 선고를 받은 자가 그것이 과도하여 부당하다고 하소연한 적은 없다. 그가 그렇게 말한다면, 모든 사람이 그를 면전에서 비웃을 것이다. – 그렇지 않다면 우리는, 범인에게 법률에 따라 불법이 행해지는 것은 아니더라도 국가의 입법권은 이와 같은 종류의 형벌을 부과할 수 없고, 입법권이 이를 행하는 것은 자기모순이라는 것을 인정하여야 할 것이다.

따라서 살인을 실행한 자, 교사한 자, 방조한 자 등 살인자가 여러 명이라면, 이들은 모두 사형에 처해져야 한다. 이것이 선험적인 보편적 법칙에 따르는 사법권의 이념으로서의 정의가 될 것이다. – 그러나 그와 같은 행위의 공범(correi)이 너무 많아서, 국가가 그 범인들을 모두 처형한다면 신민이 더 이상 존재하지 않게 될 수도 있다. 국가가 해체되는 것, 즉 훨씬 더 열악한, 외적인 정의가 전혀 없는 자연상태로 이행하는 것(특히 단두대의 장관을 통하여 국민의 감정이 마비되는 것)을 원하지 않는다면, 주권자는 이와 같은 긴급상태(casus necessitatis)에서 법관이 되어 (법관의 역을 맡아) 범인에게 생명형 대신에 다른 형벌을 부과하는 판결을 선고하여 국민을 유지할 수 있는 권력을 가지고 있어야 한다. 유형(流刑)이 그와 같은 것이다. 그러나 이것은 공법에 따라 행해질 수 있는 것이 아니고, 언제나 개별적인 경우에만 대명, 즉 대권 행위를 통하여 사면으로 행해질 수 있는 것이다.

이에 대하여 베카리아Beccaria 후작은 인류애(compassibilitas)를 가장한 온정적 감상주의에서 모든 사형의 불법성을 주장하였다. 사형은 시원적 시민계약에 포함될 수 없기 때문이라는 것이다. 모든 국민은 자신이 다른 사람(국민)을 살해하는 경우에 자신의 생명을 잃는 것에 동의하여야 하지만, 어떠한 사람도 자신의 생명을 처분할 수 없으므로 이와 같은 동의가 불가능하기 때문이라는 것이다. 이 모든 것은 궤변이고 법의 왜곡이다.

어떤 사람이 처벌을 받는 것은 그가 그 처벌을 원하였기 때문이 아니라, 그가 처벌받아야 할 행동을 원하였기 때문이다. 그가 원하는 대로 이루어진다면 형벌도 존재하지 않고, 처벌받기를 원하는 것도 있을 수 없기 때문이다. 내가 누군가를 죽인다면 처벌을 받겠다고 말하는 것은 내가 다른 모든 사람들과 함께 법률에 복종한다는 것을 의미할 뿐이다. 국민 중에 범인이 있을 때에는 당연히 형법도 이 법률이 된다. 형법을 제정하는 공동입법자로서의 나는, 신민으로서 법률에 따라 처벌받는 자와 동일할 수 없다. 그와 같은 자로서, 즉 범인으로서 내가 입법에서 의결권을 가질 수는 없기 때문이다 (입법자는 신성하다). 따라서 내가 범인으로서의 나에 대하여 형법을 제정한다면, 범죄능력자로서의 나를, 따라서 다른 인격(homo phaenomenon, 현상적 인간)으로서의 나를 시민적 결합의 다른 모든 사람들과 함께 형법에 복종시키는 것은 내 안에 내재하는 순수한 법적-입법적 이성(homo noumenon, 예지적 인간)이다. 다시 말하자면, 국민(국민 각자)이 아니라 법원(공적 정의)이, 즉 범인이 아닌 다른 자가 사형을 결정하는 것이고, 사회계약Socialcontract에는 자신을 처벌하고 자신과 자신의 생명을 처분하는 약정이 포함되지 않는 것이다. 처벌받기를 원한다는 범인의 약정이 처벌권의 근거가 되어야 한다면, 자신이 처벌받아야 한다고 판단하는 것도 그에게 일임되어야 하고, 범인은 자기 자신의 법관이 되기 때문이다. – 이와 같은 궤변의 오류의 요점(πρωτον ψευδοσ)은, 사형에 처하여야 한다는 범인의 판단을 (우리는 이와 같은 그의 이성의 판단을 반드시 믿어야 한다) 자신의 생명을 박탈하는 의사 결정으로 간주하고, 법적 판단과 법 집행이 하나의 동일한 인격에 결합되어 있다고 생각하는 것이다.

그러나 사형에 처해지는 두 가지 범죄가 있다. 이에 관하여는, 입법이 이들 범죄에 사형을 부과하는 것이 정당한지 여부가 여전히 의문이다. 두 범죄의 원인은 명예심이다. 하나는 여성의 명예에 대한 것이고, 다른 하나는 군인의 명예에 대한 것이다. 즉 그 명예심은 이 두 부류에 속하는 모든 사람이 의무로서 지켜야 하는 진정한 명예에 대한 것이다. 전자의 범죄는 산모의 영아살해(infanticidium maternale)이고, 후자의 범죄는 전우살해(commilitonicidium), 즉 결투이다. – 입법은 혼인외 출생의 불명예를 제거할 수 없고, 경멸적 응대에 대하여 죽음의 공포를 극복하고 자력으로 맞서지 않는 하급 군지휘관에 대한 투항 혐의의 오점을 지울 수 없다. 따라서 이 사람들은 이 경우에 자연상태에 있고, 일단 악의적 살인(homicidium dolosum)이라고 할 수 없는 이 두 가지 경우의 살인(homicidium)은 물론 처벌을 받을 수 있지만, 최고권력에 의하여 사형으로써 처벌을 받을 수는 없는 것처럼 보인다. 혼인외 출생자는 (법률은 혼인을 명령하므로) 법률의 외부에서, 즉 법률의 보호영역의 외부에서 태어난 것이다. 그것은 말하자면 (금지된 상품처럼) 공동체에 은밀히 반입된 것이다. 따라서 공동체는 (그가 이와 같은 방식으로 존재하는 것은 타당하지 않으므로) 그의 존재 및 사멸을 무시할 수 있다. 또한 산모의 혼인외 출산이 알려진다면, 어떠한 명령도 산모의 불명예를 제거할 수 없다. – 하급 지휘관에 임명된 군인이 모욕을 당한다면, 그는 자신의 계급에 속하는 동료들의 여론에 의하여 명예를 회복하여야 한다고 생각하거나, 자연상태에서처럼 법률, 즉 법원에 의하여가 아니라 자신의 기개를 증명하기 위하여 생명의 위험을 무릅쓴 결투를 통하여 가해자를 처벌하여야 한다고 생각한다. 그가 속한 계급의 명예는 본질적으로 이에 근거한다. 결투가 상대방을 죽이는 것과 결합되어 있더라도, 이 결투에서 공개적으로 쌍방의 동의로써 행해지지만 본의 아니게 행해지는 살인은 본래 악의적 살인(homicidium dolosum)이라고 할 수 없다. – 그렇다면 (형사재판에 속하는) 두 사건에서 법적으로 규정된 것Rechtens은 무엇인가? – 여기에서 형벌의 정의는 곤경에 처하게 된다. 즉 법률에 의하여 명예관념(이것은 여기에서 망상이 아니다)을 무효로 선언하고 사형에 처할 것인지, 아니면 그 범죄에서 사형을 배제하고 가혹하게 처벌할 것인지 관대하게 처벌할 것인지, 곤경에 처하게 된다. 이 난제의 해결은 다음과 같다: 형벌의 정의의 정언명령(법률에 반하여 타인을 살해하는 것은 사형에 처해져야 한다)은 존재하지만 입법 자체가 (따라서 시민적 헌법도) 야만적이고 미숙하다면, 국민의 (주관적) 명예의 동기와 그 목적에 부합하는 (객관적) 수단이 일치하지 않고, 따라서 국가로부터 나오는 공적 정의가 국민으로부터 나오는 정의와의 관계에서 부정의가 되는데, 이에 대한 책임은 입법에 있다.

II.

범인을 위하여 형벌을 감경하거나 완전히 면제하는 사면권(ius aggratiandi)은 군주의 모든 권리 중에서 가장 애매한 권리이다. 군주는 자신의 권력의 영광을 증명하기도 하지만, 이를 통하여 고도의 불법을 행하기도 한다. – 신민 상호간의 범죄에 대하여 군주가 이를 행사하는 것은 허용되지 않는다. 여기에서 면죄(impunitas criminis)는 신민에 대한 최대의 불법이기 때문이다. 따라서 군주는 자신에 대한 침해(crimen laesae maiestatis, 군주침해죄)의 경우에만 이를 행사할 수 있다. 그러나 이 경우에도 사면을 통하여 국민의 안전에 위험이 발생할 수 있다면 이를 행사할 수 없다. – 이 권리는 대권Majestätsrecht이라고 부를 수 있는 유일한 권리이다.

§ 50.

그 주민이 헌법에 의하여 이미, 즉 특별한 법적 행위 없이 (따라서 출생에 의하여), 한 공동체의 공동시민이 되는 국가(territorium)를 조국이라고 한다. 그 주민이 이와 같은 조건 없이는 공동시민이 될 수 없는 국가를 외국이라고 하고, 영방(領邦)의 일부를 이루는 외국을 (로마인들이 사용하던 용어의 의미로) 속주(屬州)Provinz라고 한다. 속주는 공동시민의 주소로서 제국(imperii)과 결합된 일부가 아니라 제국, 즉 하원의 소유지를 이룰 뿐이므로 지배국가의 영토를 모국(regio domina)으로서 존중하여야 한다.

1) (시민으로도 간주되는) 신민은 국외이주권을 가진다. 국가는 신민을 자신의 소유물로서 억류할 수 없기 때문이다. 그러나 신민은 동산만을 가지고 이주할 수 있고 부동산을 가지고 이주할 수는 없다. 그러나 그가 지금까지 소유하고 있던 토지를 매도하고 그 대신에 금전을 가지고 이주한다면, 이는 부동산을 가지고 이주하는 것이 될 것이다.

2) 군주는, 국민들이 이를 불신하더라도, 토지에 대한 국민들의 사적소유권이 침해되지만 않는다면, 외국인(이주민)의 국내이주 및 정착에 혜택을 부여할 권리를 가진다.

3) 신민이 국가를 위한 공동시민들과 군주의 모든 연대를 파괴하는 범죄를 행한 경우에도, 군주는 외국의 속주로 귀양을 보낼 권리를 가진다. 여기에서 그는 어떠한 시민의 권리도 향유하지 못한다. 즉, 유형에 처해지는 것이다.

4) 군주는 신민을 넓은 세계로, 즉 (고어로 외국Elend이라고 하는) 외국으로 추방할 수 있는 국외추방권(ius exilii)도 가진다. 군주는 그에 대한 모든 보호를 박탈하기 때문에, 이것은 국경 내에서도 그에 대한 법률의 보호를 박탈하는 것을 의미한다.

§ 51.

공동체 일반의 개념(res publica latius dicta)으로부터 도출되는 세 개의 국가권력은 선험적으로 이성에서 유래하는 결합된 국민의지의 관계 및 객관적인 실천적 실재성을 가지는 국가원수에 관한 순수한 이념이다. 그러나 이 원수(주권자)는, 최상의 국가권력을 표상하고 이 이념을 국민의지로 작용하게 하는 물리적 인격이 그에 결여되어 있는 한, (국민 전체를 표상하는) 상상물에 불과하다. 이 이념과 국민 의지의 관계는 다음과 같은 세 가지 상이한 방식으로 형성될 수 있다: 국가에서 한 사람이 모든 사람을 지배하는 방식, 상호 평등한 몇 사람이 결합하여 다른 모든 사람을 지배하는 방식, 모든 사람이 함께 각자를, 따라서 자기 자신까지도 지배하는 방식. 즉 국가형태 Staatsform는 독재국가autokratisch이거나, 귀족국가aristokratisch이거나, 민주국가demokratisch이다. (독재국가 대신에 군주국가monarchisch라고 표현하는 것은 여기에서 의도하는 개념과 부합하지 않는다. 군주는 최고의 권력을 가지는 자이지만, 전제자 또는 독재자는 모든 권력을 가지는 자이기 때문이다. 후자는 주권자이고, 전자는 주권자를 대표할 뿐이다.) ― 주지하다시피, 가장 단순한 국가형태는 독재국가, 즉 한 사람(군주)과 국민의 관계이다. 따라서 여기에서는 단 한 사람이 입법자이다. 귀족국가 형태는 두 가지 관계로 구성된다. 즉 주권자를 만들기 위하여 (입법자로서) 귀족들 간의 상호 관계가 구성되고, 그 다음에 이 주권자와 국민의 관계가 구성된다. 민주국가는 가장 복잡하게 구성된 국가형태이다. 즉 그것은 우선 모든 사람의 의사를 결합하여 이로부터 국민Volk을 구성하고, 그 다음에는 시민Staatsbürger의 의사를 결합하여 공동체를 구성한 후에, 이 결합된 의사 자체를 이 공동체의 주권자로 설정하는 것이다.*) 국가의

*) 권력자가 무력 찬탈에 의하여 이 형태를 변형하는 것(과두정치Oligarchie 및 중우정치Ochlokratie)과 소위 혼합 국가조직에 대하여는 지면 관계상 여기에서 언급하지 않는다.

법 집행에 관한 한 가장 단순한 국가형태가 가장 좋은 국가형태이지만, 법 자체에 관한 한 그것은 압제정치Despotismus로 이행할 가능성이 매우 높기 때문에 국민에게 가장 위험한 국가형태이다. 강행법에 의한 국민의 기계적 결합에서는, 즉 모든 국민이 수동적이고 그들 위에 존재하는 한 사람에게 복종할 때에는, 단순화가 합리적 원리이다. 그러나 그것은 시민으로서의 신민을 산출하지 않는다. 국민이 자신을 위로하는 말, 즉 군주국가(여기에서는 원래 독재국가)는 군주가 선량할 때 (즉 이를 위한 의지와 식견을 가지고 있을 때) 최선의 국가조직이라는 말은 동어반복적 격언에 해당한다. 그것은 다음과 같은 말에 불과하다: 최선의 조직은 국가관리자를 최선의 군주로 만드는 조직, 즉 최선의 조직인 것이다.

§ 52.

이 메커니즘의 역사적 기록을 추적하는 것은 무익한 일이다. 즉 우리는 시민사회의 기원을 찾을 수 없다 (야만인들은 법률에 복종하기 위한 문서를 작성하지 않으며, 그들이 이를 폭력으로 시작하였을 것임은 야만인의 본성에서도 이미 추정될 수 있기 때문이다). 그러나 폭력으로 현행 헌법을 변경할 목적으로 이와 같은 연구를 행하는 것은 처벌 대상이다. 이와 같은 변경은 입법에 의하여가 아니라 이를 위하여 결합된 국민에 의하여 행해져야 하기 때문이다. 그러나 현행 헌법에서의 반란은 모든 시민적–법적 관계를, 따라서 모든 권리를 전복하는 것이다. 즉 시민적 헌법을 개혁하는 것이 아니라 해체하는 것이다. 더 좋은 헌법으로 이행하는 것은 변신이 아니라 환생이다. 이를 위하여는 (이제 폐지되는) 직전 사회계약이 영향을 미치지 못하는 새로운 사회계약이 필요하다. – 그러나 주권자에게는 현행 헌법이 시원적 계약의 이념과 합치하지 않을 때 이를 개정하면서 국민이 국가를 형성하는 데 본질적으로 필요한 형태를 유지하는 것이 가능하여야 한다. 이와 같은 개혁은 국가의 조직 자체가 이 세 가지 형태 중 하나에서 다른 두 가지 중 하나로 변경되는 것이 아니다. 예컨대, 귀족들이 전원 일치로 결정하여 독재국가로 이행하거나 민주국가로 이행하는 것은 이와 같은 개혁이 아니며, 그 역도 마찬가지다. 그것이 주권자의 자유로운 선택과 뜻에 근거하고 있는지, 주권자가 국민을 어떠한 헌법에 복종시키려고 하는지는 중요하지 않다. 주권자가 민주국가로 변경하기로 결정하더라도, 국민 자체가 이 헌법을 싫어할 수 있고 나머지 두 가지 중 하나가 자신에게 더 잘 맞는다고 여길 수 있으므로, 주권자는 국민에게 불법을 행할 수 있기 때문이다.

제2절

국제법

국가형태는 시민적 상태에서 행해지는 시원적 입법의 문서(littera)일 뿐이다. 따라서 국가형태는, 그것이 국가조직이라는 장치에 속하는 것으로서 장기간의 오랜 관습을 통하여 (따라서 단지 주관적으로) 필수적인 것으로 간주되는 한, 존속할 것이다. 그러나 그 시원적 계약의 정신(anima pacti originarii)은 헌법제정권력의 의무를 포함한다. 헌법제정권력의 의무는 위 이념에 맞게 통치방식Regierungsart을 구성하는 것이며, 이를 일시에 행할 수 없다면, 그 작용이 유일하게 적법한 헌법, 즉 순수한 공화국의 헌법과 일치하도록, 또한 국민의 신민성만을 야기하였던 오랜 경험적(법령적statutarische) 형태들이 시원적(합리적) 형태로 해체되도록 점차 계속하여 그 통치방식을 개혁하는 것이다. 시원적 형태만이 자유를 원칙Princip으로, 즉 모든 강제의 조건으로 만든다. 강제는 국가라는 본래적 의미의 법적 조직을 위하여 필요한 것이고 문서에 따라 결국 그에 이바지할 것이다. – 이것은 유일한 영구적 국가조직이다. 여기에서 법률은 자기지배적이고 특별한 인격에 종속되지 않는다. 모든 공법의 궁극적 목적은 각자에게 그의 것이 확정적으로 분배될 수 있는 상태이다. 그러나 위 국가형태들은 문서에 따라 최고권력을 담당하는 다양한 도덕적 인격들을 표상하여야 하는 한, 잠정적인 내적 법만이 인정될 수 있고 시민적 사회의 절대적-법적 상태는 인정될 수 없다.

그러나 모든 진정한 공화국은 국민대표체제이고 일 수밖에 없다. 이는 국민의 이름으로, 모든 시민에 의하여 결합되어, 그들의 대표자(대의원)들을 통하여 그들의 권리를 확보하기 위한 것이다. 그러나 국가원수는 그 인격에 따라 (그것은 군주, 귀족계급 또는 국민 전체, 민주적 결합일 수 있다) 대표될 수 있더라도, 결합된 국민은 단순히 주권자를 대표하는 것이 아니라 주권자 자체이다. 단순한 신민으로서의 (경우에 따라서는 국가공무원으로서의) 개인의 모든 권리가 나오는 최고권력은 근본적으로 그(국민)에게 있으며, 일단 수립된 공화국은 더 이상 정권을 놓지 않고 이전에 이를 장악하였던 자들 및 모든 새로운 명령을 절대적 자의에 의하여 다시 폐기할 수 있는 자들에게 이를 다시 양도하지 않기 때문이다.

따라서 우리 시대의 한 강력한 지배자가, 막대한 국가채무로 인한 곤경에서 벗어나기 위하여, 국민에게 그 자신의 판단에 따라 스스로 이 채무를 인수하여 분담할 것을 위임한 것은 판단력의 큰 착오였다. 국민은 당연히 신민에 대한 과세 관련 입법권뿐만 아니라 정부 관련 입법권도, 즉 정부가 낭비나 전쟁을 통하여 새로운 채무를 부담하는 것을 방지할 수 있는 입법권을 수중에 넣었고, 이에 따라 군주의 지배권은 (단순히 정지된 것이 아니라) 완전히 사라져 국민에게 이양되었으며, 모든 신민의 나의 것과 너의 것은 이제 국민의 입법의지에 종속되었기 때문이다. 우리는 이 경우에 국민의회Nationalversammlung가 주권자로 창설되는 것이 아니라 주권자를 위하여 그 사무를 관리하고 사무처리 후에는 정권을 다시 군주에게 이양하기로 한 것이 묵시적인, 계약상의 약정으로 인정되어야 한다고 말할 수도 없다. 그와 같은 계약은 그 자체로서 무효이기 때문이다. 공동체의 최고입법권은 불가양의 일신전속적 권리이다. 이를 가지는 자는 국민의 총의Gesamtwille에 의하여만 국민을 처분할 수 있고, 모든 공적 계약의 근원인 총의 자체를 처분할 수는 없다. 국민에게 그 권력을 다시 반환할 의무를 부과하는 계약은 국민의 입법권에 속하지 않음에도 국민을 기속할 것이다. 아무도 두 주인을 섬길 수 없다는 격언에 따라 이는 모순이다.

§ 53.

국민Volk을 구성하는 사람들은, 공동의 시조(congeniti)의 후손과 유사하게, 원주민이 아니더라도 예지적 및 법적 의미에서 원주민으로 표현될 수 있다. 그들은 마치 공동의 어머니(공화국)에게서 태어나 한 가족(gens, natio)을 이루는 사람들과 같다. 그 가족 구성원(시민)은 모두 평등하고, 자연상태에서 살고자 하는 이웃 사람들, 즉 미개한 자들과 함께 사는 것을 원하지 않는다. 이들(야만인)은 자신들이 선택한 무법의 자유로 인하여 자신들이 더 고귀하다고 생각하더라도 종족을 이루기는 하지만 국가를 구성하지는 못한다. 국가 간의 상호 관계에 관한 법이 (이를 독일어로 Völkerrecht라고 하는 것은 정확하지 않고, 오히려 Staatenrecht(ius publicum civitatum)라고 하여야 할 것이다) 이제 우리가 국제법의 이름으로 고찰하여야 하는 것이다. 여기에서 국가는 도덕적 인격으로서 타국에 대하여 자연적 자유의 상태, 따라서 끊임없는 전쟁의 상태에 있으므로, 전쟁을 개시할 권리를 행사하기도 하고, 전쟁 중의 권리를 행사하기도 하고, 이 전쟁상태를 종식할 것을, 즉 영구적 평화를 확립하는 체제를 서로 강요할 권리, 즉 전쟁 후의 권리를 행사하기도 한다. 개인 또는 가족이 (상호 관계에서) 가지는 자연상태의 권리와 국가가 가지는 그것의 차이점은 다음과 같다. 국제법에서는 일국과 타국의 관계뿐만 아니라, 일국의 개인과 타국의 개인 및 일국의 개인과 타국의 관계도 고찰된다. 그러나 단순한 자연상태에서 개인이 가지는 권리와 다른 이와 같은 차이점이 필요로 하는 것은 개인이 가지는 권리의 개념에서 쉽게 추론될 수 있는 결정들뿐이다.

§ 54.

국제법의 요소들은 다음과 같다. 1) 국가들은, 외적인 상호 관계에서 볼 때, (무법적 야만인과 마찬가지로) 본래 비법적 상태에 있다. 2) 이 상태는 현실적 전쟁 및 항구적인 현실적 적대(적대행위)가 아니더라도 전쟁(강자의 권리) 상태이다. 적대행위는 (양국이 이를 개선하지 않는다면), 이를 통하여 일국이 타국에게 불법을 행하지 않더라도, 그 자체로서 극도의 불법이다. 따라서 인접국가들은 이 상태에서 벗어나야 한다. 3) 시원적 사회계약의 이념에 따라 국내 분쟁에는 서로 개입하지 않지만 외국의 공격으로부터 서로 보호하는 국제연맹 Völkerbund이 필요하다. 4) 그러나 이 결합은 (시민국가처럼) 주권을 가지는 것이 아니라 조합의 성격(연방의 성격Föderalität)만을 가져야 한다. 이 연맹은 언제든지 해소될 수 있고, 때때로 갱신되어야 한다. – 이것은 다른 시원적 권리를 보조하는in subsidium 권리, 즉 국가가 서로 실제적 전쟁상태에 빠지는 것을 방지하기 위한 권리이다 (foedus Amphictyonum, 국제연맹).

§ 55.

자연상태에서 자유국가들이 (예컨대 법적 상태와 유사한 상태를 창설하기 위하여) 서로에 대하여 행사하는 시원적 전쟁개시권의 경우에는 우선 다음과 같은 문제가 제기된다: 국가는 자신의 신민에 대하여 어떠한 권리를 가지는가, 타국과의 전쟁을 위하여 그들을 동원할 권리를 가지는가, 그 경우에 그들의 재산과 생명을 소모하거나 위험에 빠뜨릴 수 있는 권리를 가지는가, 따라서 신민의 출정 여부가 그들 자신의 판단에 의하여 결정되는 것이 아니라 주권자의 통수권이 그들을 출정시키는 것인가?

이 권리는 자신의 것(소유물)을 가지고 자신이 원하는 것을 할 권리로부터 쉽게 설명될 수 있는 것처럼 보인다. 그러나 어떤 사람이 직접 물건을 만들었다면, 그 물건에 대하여는 그가 명백히 소유권을 가진다. – 따라서 이것은 단순한 법률가가 행하는 추론이다.

어떤 지방에 여러 가지 자연산물이 존재하더라도, 어떤 종류의 자연산물이 대량 존재한다면, 그것은 동시에 국가의 인공산물(artefacta)로 간주되어야 한다. 국가 및 정식 집권 정부가 존재하지 않고 주민이 자연상태에 있다면, 그 지방은 그렇게 많은 자연산물을 산출하지 못하기 때문이다. – 주민에게 취득 및 점유를 보장하는 정부가 존재하지 않는다면, 양계(가장 유용한 가금), 양, 돼지, 소 등은 내가 사는 지방에서는 먹이 부족 또는 맹수 때문에 전혀 산출되지 않거나 지극히 소량 산출될 것이다. – 인구도 마찬가지다. 예컨대 아메리카 사막의 인구는 그들이 아무리 부지런하더라도 (그들은 그렇지 않다) 적을 수밖에 없다. 하인들까지 대동하더라도 인간 또는 거친 맹수의 습격을 받을 위험이 상존하는 땅에서 널리 분포하여 살 수 있는 사람은 아무도 없고, 따라서 현재 어떤 지역에 매우 많은 사람들이 살고 있더라도 그들을 위한 부양은 불충분할 것이므로, 인구는 거의 증가하지 않을 것이다. – 예컨대 재배식물(예컨대 감자)과 가축은, 그 산출량에 관한 한, 인간의 생산물이므로, 사람들이 이를 사용하고 소비하고 없애는(죽이는) 것이 가능하다. 이처럼 국가의 최고권력, 즉 주권자는, 신민의 대부분이 그의 산물이므로, 신민을 사냥에 동원하듯이 전쟁에 동원하고, 야유회에 동원하듯이 야전에 동원할 권리를 가지는 것처럼 보인다.

그러나 (군주들도 어렴풋이 생각하고 있을지도 모르는) 이와 같은 법적 근거는 인간의 소유물이 될 수 있는 동물에 대하여는 물론 타당하지만, 인간, 특히 시민에 대하여는 결코 적용될 수 없다. 시민은 국가에서 언제나 공동입법의 구성원으로서 (수단으로서뿐만 아니라 동시에 목적 자체로서) 간주되어야 한다. 따라서 시민은 전쟁 일반에 대하여만이 아니라, 각각의 선전포고에 대하여도 대표자를 통하여 자유롭게 동의하여야 한다. 이와 같은 제한적 조건하에서만 국가는 시민에게 위험한 복무를 부과할 수 있다.

따라서 우리는 (그 반대가 아니라) 주권자의 대국민적 의무로부터 이 권리를 도출하여야 할 것이다. 이 경우에 국민은 그에 대하여 동의한 것으로 간주되어야 한다. 이와 같은 성격에서 국민은 수동적이지만 (수인하지만) 자발적이기도 하며 주권자를 직접 표상하기도 한다.

§ 56.

국가들의 자연상태에서 전쟁(적대행위)을 개시할 권리는, 국가가 타국으로부터 침해를 받았다고 믿을 때에 타국에 대하여 폭력으로 자신의 권리를 추구하는 허용된 방식이다. 자연상태에서는 이것이 소송(법적 상태에서는 이를 통하여만 분쟁이 해결된다)을 통하여 행해질 수 없기 때문이다. – 적극적 침해(최초의 적대행위와 구별되는 최초의 침략행위) 외에도 위협행위가 있다. 예방의 권리(ius praeventionis)의 근거가 되는, 최초에 행해지는 준비행위 또는 타국의 (영토 획득에 의한) 가공할 만한 세력 증대(potentia tremenda)가 이에 속한다. 후자는 강대국의 모든 행위에 앞서 그 상태만으로도 약소국을 침해한다. 자연상태에서 이와 같은 공격은 물론 정당하다. 따라서 이것이 상호 적대적인 모든 국가의 균형의 권리의 근거가 된다.

전쟁개시권을 부여하는 적극적 침해에 관한 한, 타국의 국민에 의한 자국민의 모욕에 대하여 자력으로 행하는 명예회복, 즉 타국에 대하여 (평화적 방식으로) 배상을 요구하지 않고 보복(retorsio)을 행하는 것이 이에 속한다. 사전에 행해지는 평화단절(선전포고) 없이 발발하는 전쟁이 절차상 이와 유사하다. 우리가 일단 전쟁상태에서 권리를 찾고자 한다면, 계약과 유사한 것, 즉 쌍방이 이와 같은 방식으로 권리를 추구한다는 타방의 선언에 대한 승낙이 전제되어야 하기 때문이다.

§ 57.

전쟁 중의 권리가 바로, 자기모순 없이 이를 이해하고 이 무법상태에서 법칙을 생각하는 것이 가장 어려운 국제법상의 권리이다 (inter arma silent leges, 전시에 법은 침묵한다). 그러나 그것은 (외적 상호 관계에 있는) 국가들이 자연상태에서 벗어나 법적 상태로 이행할 수 있는 원칙에 따라 전쟁을 수행할 권리일 수밖에 없을 것이다.

독립국가 간의 전쟁은 처벌전쟁(bellum punitivum)이 될 수 없다. 처벌은 명령자(imperantis)와 복종자(subditum)의 관계에서만 행해질 수 있는데, 국가 간의 관계는 그와 같은 관계가 아니기 때문이다. – 그러나 그것은 국가의 도덕적 근절에 해당하는 (그 국민이 승전국의 국민과 합병되거나 노예 신분으로 전락하는) 섬멸전쟁(bellum internecinum)도 될 수 없고 정복전쟁(bellum subiugatorium)도 될 수 없다. 평화상태에 도달하기 위한 이와 같은 국가의 긴급수단이 그 자체로서 국가의 권리와 모순되기 때문이 아니라, 국제법의 이념은 외적 자유의 원리에 따르는 대립Antagonismus의 개념만을 포함하기 때문이다. 이것은 자신의 것을 보존하기 위한 것이지, 일국의 세력 증대를 통하여 타국을 위협할 수 있는 방법을 획득하기 위한 것이 아니다.

교전국에게는 모든 종류의 방어수단이 허용되지만, 그 사용이 그 신민을 시민이 될 수 없게 만드는 방어수단은 허용되지 않는다. 그렇지 않다면 그 국가 자체가 동시에 국가 간의 관계에서 국제법에 따라 (타국과 평등한 권리를 가지는) 인격으로 간주될 수 없기 때문이다. 이에 해당하는 것은 다음과 같다: 자국의 신민을 간첩으로 이용하거나, 자국의 신민 또는 외국인을 암살자, 독살자로 이용하거나 (매복하고 개인을 기다리는 이른바 저격병도 이 부류에 속할 것이다) 허위정보의 유포를 위하여 이용하는 것이다. 요컨대, 향후 영구적 평화를 창설하는 데에 필요한 신뢰를 파괴하는 교활한 수단을 이용하는 것이다.

전쟁 중에는 패전한 적국에 대하여 납품 및 공물을 부과하는 것이 허용되지만, 그 국민을 약탈하는 것, 즉 개인에게서 그의 것을 강탈하는 것은 허용되지 않는다 (피정복국민이 교전한 것이 아니라, 국민을 지배하는 국가가 국민을 통하여 교전한 것이므로, 그것은 강도가 되기 때문이다). 증서를 발급하고 징발한 후에 향후 평화상태에서 지방 또는 속주에 부과되는 부담을 비례적으로 분배하는 것은 허용된다.

§ 58.

전쟁 후의 권리, 즉 강화조약의 시점에서 그 효과에 관한 권리는 승전국이 패전국과 합의하여 강화조약을 체결하기 위한 조건을 정하는 것이다. 그것은 이른바 적국의 침해로 인하여 승전국에게 인정되는 명목적 권리에 따른 것이 아니라, 이 문제와 관계없이 승전국의 힘에 따른 것이다. 따라서 승전국은 전쟁비용의 배상을 청구할 수 없다. 그렇지 않다면 승전국은 적국의 전쟁을 부당한 것으로 참칭하여야 하기 때문이다. 오히려 승전국은 이와 같은 논거를 생각하더라도 그것을 제시하지 않아야 한다. 그렇지 않다면 승전국은 그 전쟁을 징벌전쟁으로 선언하여 다시 모욕을 행하게 되기 때문이다. 수적 동일성을 고려하지 않고 (어떠한 몸값도 요구하지 않고) 포로를 교환하는 것도 여기에 해당한다.

패전국 또는 그 신민은 영토 점령에 의하여 시민적 자유를 상실하지 않는다. 따라서 패전국은 식민지로, 그 신민은 노예로 전락하지 않는다. 그렇지 않다면 그것은 자기모순적인 처벌전쟁이기 때문이다. – 식민지 또는 속주는 자기 자신의 체제, 입법, 영토를 가지는 국민이다. 그 영토에서 타국의 국민은 외국인에 지나지 않지만, 이 타국은 그 식민지의 국민에 대하여 최고집행권을 가진다. 이 타국을 본국Mutterstaat이라고 한다. 식민지는 본국에 의하여 지배되지만, 자기 자신에 의하여 (자기 자신의 의회를 통하여, 물론 총독이 의장이 되어) 통치된다 (civitas hybrida, 혼성국가). 아테네와 여러 도서의 관계가 그와 같았고, 현재는 영국과 아일랜드의 관계가 그와 같다.

노예상태 및 그 적법성은 전쟁에 의한 한 국민의 정복으로부터 도출될 수 없다. 우리는 이를 위하여 처벌전쟁을 인정하여야 하기 때문이다. 사리에 맞지 않는 세습적 노예신분은 결코 인정될 수 없다. 어떤 사람의 범죄로 인한 책임은 상속될 수 없기 때문이다.

강화에 사면도 결합되어 있는 것은 이미 그 개념상 명백하다.

§ 59.

평화의 권리는 1) 이웃에 전쟁이 있는 경우에 평화 속에 존재할 권리 또는 중립의 권리이며, 2) 체결된 강화의 영속을 보장받을 수 있는 권리, 즉 보장의 권리이며, 3) 다수의 국가가 상호 결합(동맹)할 권리, 즉 모든 대외적 또는 대내적 공격에 대하여 공동으로 방어할 권리이다. 이 동맹은 공격 및 대내적 확장을 위한 동맹이 아니다.

§ 60.

부당한 적국에 대한 국가의 권리에는 한계가 없다 (질적 한계는 없지만 양적 한계, 즉 정도의 한계는 있다). 즉 피침해국은 자국의 것을 주장하기 위하여 모든 수단을 사용할 수 있는 것이 아니라, 그 자체로서 허용되는 수단을 최대한 사용할 수 있는 것이다. – 그러나 자연상태에서와 같이 각국이 자신의 사건에 대하여 법관이 되는 국제법의 개념에 따를 때 부당한 적국은 무엇인가? 그것은 바로, 그 준칙이 보편적 규칙이 된다면, 국가 간의 평화상태를 불가능하게 만들고 자연상태를 영속시키는 준칙을 공개적 (말이든 행동이든) 의사표현을 통하여 드러내는 국가이다. 공식적 조약을 위반하는 것이 그와 같은 것이다. 조약 위반에 관하여 우리는 다음과 같은 점을 전제할 수 있다. 조약 위반은 그로 인하여 자유를 위협받는 모든 국민의 문제이므로, 그 국민들은 그와 같은 행패에 대하여 결합하고 그 국가의 힘을 제거하여야 한다. – 그 영토를 분배하기 위하여 국가를 지상에서 소멸시키는 것도 허용되지 않는다. 이것은 그 국민에 대한 부정의이기 때문이다. 그 국민은 공동체로 결합할 시원적 권리를 상실할 수 없다. 오히려 그 국민에게 성질상 호전성에 불리한 새로운 체제를 채택하게 하는 것은 허용된다.

또한 자연상태에서의 부당한 적이라는 표현은 동어반복이다. 자연상태는 그 자체가 부정의의 상태이기 때문이다. 정당한 적은, 내가 그에게 저항하는 것이 불법을 행하는 것이 되는 자이다. 그러나 이 자는 나의 적이 되지도 않을 것이다.

§ 61.

민족 간의 자연상태는 개인들의 자연상태와 마찬가지로 우리가 법적 상태로 이행하기 위하여 벗어나야 하는 상태이다. 따라서 이와 같은 일이 있기 전에 모든 민족의 권리 및 전쟁을 통하여 취득하거나 보존할 수 있는 국가의 모든 외적인 나의 것과 너의 것은 잠정적인 것에 지나지 않고, (한 민족이 국가가 되는 결합과 유사하게) 보편적 국제연합Staatenverein에서만 확정적인 것이 될 수 있고 진정한 평화상태가 될 수 있다. 그러나 그와 같은 다민족국가가 지나치게 광역화된다면 그 통치 및 각 구성원의 보호는 결국 불가능해지고, 그와 같은 단체들의 집합은 다시 전쟁상태를 초래한다. 따라서 영구평화(국제법의 궁극적 목적)는 당연히 실현 불가능한 이념이다. 그러나 그와 같은 국가의 결합을 목적으로 하는, 영구평화에 계속 접근하는 데에 기여하는 정치적 원칙들은 그렇지 않다. 그 접근은 인간과 국가의 의무 및 권리에 근거한 과제이므로, 이 정치적 원칙들은 확실히 실현될 수 있다.

평화를 유지하기 위한 이와 같은 국가들의 연합을 우리는 항구적 국제회의라고 부를 수 있다. 이에 가입하는 것은 각 인접국의 자유이다. (적어도 평화를 유지하기 위한 국제법적 절차에 관한 한) 금세기 전반에 개최된 헤이그 만국회의가 그와 같은 것이다. 여기에서 대부분의 유럽 궁정 및 소(小)공화국의 장관들은 한 국가가 타국으로부터 받은 공격에 대하여 소원을 제기하고, 유럽을 하나의 연합국가로 상정하여 이를 공적 분쟁의 중재자로 삼았다. 이 대신에 국제법은 그 후 책 속에만 남아 있다가 서재에서 사라지거나, 저렴한 가격에 처분되어 서고의 암흑에 갇히게 되었다.

그러나 여기에서 회의는 언제든지 해소될 수 있는, 다수 국가의 임의적 회동을 의미하는 것이고, (아메리카 국가들의 결합처럼) 국헌(國憲)에 근거한 것으로서 해소될 수 없는 결합을 의미하는 것은 아니다. – 야만적 방식으로 (야만인의 방식에 따라), 즉 전쟁을 통하여 분쟁을 해결하지 않고, 시민적 방식으로, 즉 소송을 통하여 분쟁을 해결하는 국제공법의 이념은 이를 통하여만 실현될 수 있다.

제3절

세계시민법

§ 62.

상호 작용 관계를 맺을 수 있는 지상의 모든 민족의, 우정 어린 것은 아니더라도, 평화적인 하나의 공동체라는 이 이성이념은 박애적(도덕적) 원리가 아니라 법적 원리이다. 자연은 이들을 모두 (이들의 거처인 지구globus terraqueus의 구형에 의하여) 일정한 테두리 안에 몰아 넣었다. 인간이 살 수 있는 토지의 점유는 언제나 일정한 전체의 일부에 대한 점유로서만, 따라서 각자가 시원적으로 그에 대한 권리를 가지는 일부에 대한 점유로서만 간주될 수 있다. 그러므로 모든 민족은 시원적으로 토지를 공유하지만, 토지를 법적으로 공동점유(communio), 공동사용 또는 공동소유하는 것이 아니라, 물리적 상호작용(commercium), 즉 한 민족이 다른 모든 민족과 상호 교류하는 일반적 관계에 있으며 상호 교류를 시도할 권리를 가진다. 외국인은 이로 인하여 그 민족을 적으로 응대할 수 없다. – 이 권리는, 그것이 모든 민족 간의 교류의 보편적 법칙을 목적으로 모든 민족의 결합을 추구하는 한, 세계시민권(ius cosmopoliticum)이라고 할 수 있다.

해양은 민족 간의 상호 결합을 방해하는 것처럼 보일 수 있다. 그러나 그것은 항해로 인하여 국제교류에 가장 유리한 자연시설이다. 해안이 (지중해 연안처럼) 서로 인접해 있을수록, 교류는 더욱 활발해질 수 있다. 그러나 해안과 본국을 연결하기 위한 방문과 정착은 동시에 우리 지구의 어떤 장소에서 행해진 악행과 폭력행위가 모든 장소에서 감지되는 계기를 부여한다. 그러나 이와 같은 폐습이 세계시민의 권리를, 즉 모든 사람과의 연대를 시도하고 이를 위하여 지상의 모든 지역을 방문할 권리를 폐지할 수는 없다. 이 권리는 다른 민족의 토지에 이주할 권리(ius incolatus)는 아니더라도, 이를 위하여는 특별한 조약이 필요하다.

그러나 문제는, 새로 발견된 지역에서 그 지역에 이미 정주한 민족의 동의가 없더라도 그 이웃에 어떤 민족이 정주(accolatus) 및 점유를 행할 수 있는지 여부이다.

정주가 전자의 거주지에서 멀리 떨어져 행해짐으로써 어느 민족도 그 토지의 사용에 있어 다른 민족에게 손해를 가하지 않는다면, 그 정주권은 문제가 되지 않는다. 그러나 그 민족이 (호텐토트족, 퉁구스족, 대부분의 아메리카 민족처럼) 넓은 황무지에 의존하여 생활하는 유목민족 또는 수렵민족이라면, 정주는 폭력에 의하여가 아니라 조약에 의하여만 행해질 수 있다. 또한 이 조약도 그 토지의 할양에 있어 그 주민의 무지를 이용하여 체결될 수 없다. 이것은, 그와 같은 폭력행위가 (뷔싱Büsching이 독일에서 기독교의 유혈적 도입을 변명하기 위하여 내세운 핑계처럼) 미개민족을 개화함으로써, 또는 타락한 인간들로부터 자기 자신의 국토를 정화하고 그들 또는 그들의 후손이 (오스트레일리아처럼) 다른 대륙에서 교화되게 함으로써 세계복리에 기여한다는 것과 같이, 정당화 근거가 충분한 것처럼 보이더라도 마찬가지다. 이 모든 선한 의도도 이를 위하여 사용된 수단의 부정의라는 오점을 지울 수 없기 때문이다. – 이에 대하여는, 폭력으로써 법적 상태를 창설하기 시작하는 것을 주저한다면 지구 전체가 무법상태에 있게 될 것이라는 반박이 가능하다. 그러나 그것이, 체제가 부패한 경우에도 민족은 폭력으로써 이를 바꿀 수 있고 그 후에 정의를 더욱 확립하고 신장시키기 위하여 일단은 불법을 행할 수 있다는 국가혁명론자들의 변명처럼, 위와 같은 법적 조건을 폐지할 수는 없다.

*　　　*

결론

어떤 것이 존재한다는 것을 증명할 수 없는 자는 그것이 존재하지 않는다는 것을 증명하려고 노력할 수 있다. (자주 발생하는 경우이지만) 그가 양자에 모두 실패한다면, 그는 다시 전자와 후자 중에서 어느 것을 (가설을 통하여) 인정할 것인지, 또한 이를 이론적 관점에서 행할 것인지, 실천적 관점에서 행할 것인지, 즉 (예컨대 천문학자의 경우에 행성의 역행 및 정지 현상과 같은) 일정한 현상을 설명하기 위하여 행할 것인지, 일정한 목적을 달성하기 위하여 행할 것인지 물을 수 있다. 이 목적은 다시 실용적인 것(단순한 기술적 목적)일 수도 있고, 도덕적인 것일 수도 있다. 이와 같은 도덕적 목적은 이를 행위준칙으로 설정하는 것 자체가 의무이다. – 이 목적의 실현 가능성을 가정하는 것(suppositio)은 이론적이고 어려운 판단이지만, 그와 같은 가정이 여기에서 의무가 되지 않는다는 것은 자명하다. 그에 대한 (무엇을 믿어야 할) 의무는 없기 때문이다. 오히려, 그 목적이 실현될 수 있는 최소한의 이론적 개연성이 없더라도 그 불가능성이 증명될 수 없다면, 그 목적의 이념에 따라 행동하는 것, 그것이 바로 우리에게 부과된 의무이다.

우리의 도덕적-실천적 이성은 불가항력적 거부veto를 천명한다: 어떠한 전쟁도 존재하지 않아야 한다. 자연상태에서 나와 너 사이에서는 물론, 대내적으로는 법적 상태에 있더라도 대외적으로는 (상호 관계에서) 무법 상태에 있는 국가들로서 우리 사이에도 전쟁은 존재하지 않아야 한다. – 그것은 각자가 권리를 추구하여야 하는 방식이 아니기 때문이다. 따라서 영구평화가 실현될 수 있는지, 우리가 그 실현 가능성을 인정한다면 우리는 이론적 판단에서 자기 기만을 하고 있는 것은 아닌지 여부는 더 이상 문제가 되지 않는다. 우리는 영구평화를 실현하기 위하여, 또한 지금까지 모든 국가가 예외 없이 그 대내적 제도를 설치하였던 주요 목적인 무도한 전쟁을 종식하기 위하여, 영구평화가 실현 불가능하더라도 실현 가능한 것처럼 행동하고, 그것을 논증하고 그에 가장 적합한 체제(아마도 모든 국가 전체 및 각자의 공화주의Republicanism)를 창설하기 위하여 노력하여야 한다. 이와 같은 목적의 달성에 관한 한, 후자가 비록 선의의 희망이더라도, 우리가 그것을 위하여 부단히 노력하는 것을 행위준칙으로 채택하는 것은 자기 기만이 아니다. 이것은 의무이기 때문이다. 그러나 우리 자신의 도덕적 법칙을 기만적인 것으로 보는 것은 모든 이성을 배제하고 그 원칙상 여타 부류의 동물들과 함께 자신을 자연의 동일한 메커니즘에 투기된 것으로 보는 혐오스러운 욕구를 야기할 것이다.

우리는 이와 같은 보편적 및 영구적 평화실현이 순수한 이성의 한계 내에서 법학의 일부만이 아니라 법학의 궁극적 목적을 이룬다고 말할 수 있다. 평화상태만이 서로 인접한 사람들, 즉 하나의 체제에서 공존하는 사람들의 집단에서 나의 것과 너의 것이 법칙에 따라 보장되는 상태이기 때문이다. 그러나 그 규칙은 지금까지 거기에서 가장 건재하였던 자들의 경험, 즉 타인을 위한 규범에서 도출되지 않고, 이성을 통하여 선험적으로 공법 하에서의 인간의 법적 결합이라는 이념에서 도출되어야 한다. (설명은 할 수 있지만 아무것도 증명할 수 없는) 모든 실례는 기만적인 것이어서 형이상학을 필요로 하기 때문이다. 형이상학을 조롱하는 자들은 예컨대, 그들이 자주 말하는 것처럼, "최선의 체제는 인간이 지배하는 체제가 아니라 법칙이 지배하는 체제이다"라고 말할 때 부지불식간에 그 필요성을 인정한다. 바로 이 이념보다 더 형이상학적으로 순화될 수 있는 것은 없기 때문이다. 그럼에도 이 이념은 그들 자신의 주장에 따를 때 가장 확실한 객관적 실재성을 가지며 해당 사례에서도 쉽게 설명될 수 있다. 이 이념은 그것이 혁명적으로, 비약적으로, 즉 지금까지 존재한 불법체제의 폭력적 전복에 의하여 실현되지 않고 – (그 경우에는 중간에 모든 법적 상태가 파괴되는 순간이 발생할 것이므로) 확고한 원칙에 따라 점진적 개혁에 의하여 추구되고 실현될 때에만 최고의 정치적 선(善), 즉 영구평화에 계속 접근해 갈 수 있다.

Leipzig,

gedruckt bey Christian Friedrich Solbrig.

인명 색인

라틴어 색인

I

O